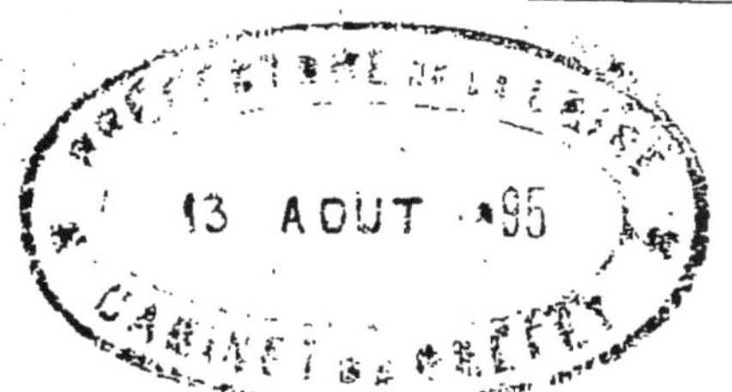

Historique
d'Estieugues

PAR

JULES BONNEFOND

CHARLIEU
IMPRIMERIE PAUL CHARPIN
RUE FROMAGERIE

1895

HISTORIQUE

D'ESTIEUGUES

Historique d'Estieugues

PAR

JULES BONNEFOND

CHARLIEU
IMPRIMERIE PAUL CHARPIN
RUE FROMAGERIE

1895

AVANT-PROPOS

C'est l'amour de notre pays, mes chers compatriotes, qui m'a inspiré l'idée de fouiller notre histoire locale et de rechercher les documents et anecdotes pouvant me fournir les éléments nécessaires à la publication de ce petit ouvrage, tout particulièrement écrit pour l'histoire du château d'Estieugues.

Il est un vieux proverbe qui dit : « Pour aimer, il faut connaître. »

Or, comment peut-on aimer son pays si on ne le connaît pas, si on n'a pas, gravés dans le cœur, tous les hauts faits de son histoire.

C'est pour cela, chers lecteurs, que je vais essayer de remémorer aux anciens, de faire connaître aux jeunes, ces vieilles histoires qui font tant aimer le coin de terre où nous sommes nés, où se sont écoulées nos premières années.

N'ayant ni le talent ni le style de l'écrivain, j'aurai besoin de toute votre bienveillance; vous voudrez bien ne pas me la refuser.

Jules BONNEFOND.

I

Le Château d'Estieugues

A une époque qui nous est inconnue, mais qui semble remonter au xi⁰ siècle, alors que Thizy possédait un château fort très redoutable, Beaujeu s'enorgueillissait également de son château dont les seigneurs furent souvent alliés par mariage aux rois de France.

C'est sur les confins du Beaujolais, du Forez et du Charolais, pays couvert de forêts de chênes et de sapins, que les seigneurs faisaient leurs excursions et les grandes chasses au sanglier.

On ignore l'étymologie du nom d'Estieuges ; toujours est-il que c'est un mot dérivant de langue latine, car aucun seigneur n'a porté le nom d'Estieugues ; c'est, évidemment, le lieu qui portait ce nom.

De tous les documents qui sont encore existants, un seul, l'ouvrage de M. de La Rochette, ancien curé de Thizy, rapporte que bien avant l'année 1400, le seigneur d'Amanzé était comte d'Estieugues et seigneur de Cours.

Cette famille était originaire de cette partie de la Bourgogne dont Charolles est le centre et qui forme aujourd'hui le département de Saône-et-Loire.

Plusieurs seigneuries des environs appartenaient aux membres de cette famille d'Amanzé ; on lit en effet dans les notes de M. de La Rochette :

« En 1620, Antoine d'Amanzé était seigneur d'Estieugues et un vieux registre trouvé à Cours porte un acte de baptême ainsi conçu : *Baptême de François, fils de haut et puissant seigneur Antoine d'Amanzé et de B. E. O., son épouse, comtes d'Estieugues, par Jacques d'Amanzé, chanoine, grand custode, et comte de Lyon, son oncle.*

En 1650, Jacques d'Amanzé, chevalier de Chauffailles, et sa sœur Gabrielle étaient parrain et marraine à Cours.

En résumé, c'est cette même famille d'Amanzé qui a possédé Estieugues du XVe au XVIIIe siècle. A cette époque, les propriétés d'Estieugues et le comtat de Cours passèrent au marquis de Saint-Georges, Mgr de Vichy, qui les a possédés jusqu'à la Révolution.

Les comtes d'Estieugues étaient seigneurs de Cours, et la justice se rendait en leur nom.

En 1757, le tribunal siégeait à Cours, lieu de la Villette ; le bâtiment existe toujours ; il est très bien conservé et entretenu. On y voit encore le Christ dans la salle des séances du tribunal. Ce tribunal se composait de M. Thivend, juge criminel, et de M. Destre, procureur fiscal.

La dernière exécution ordonnée par le dit tribunal eut lieu à Belleroche (Loire), sur la place; un homme y fut supplicié.

Après la Révolution, les biens d'Estieugues furent vendus par le gouvernement au profit du Trésor. La vente eut lieu à Villefranche. Ils furent adjugés en bloc, pour la somme de 32.000 francs, à MM. Desportes, Lacôte, etc.

Ces immeubles, aujourd'hui divisés entre plusieurs propriétaires, ont complètement perdu leur aspect d'autrefois.

Des familles que nous venons de citer, beaucoup n'ont laissé aucun souvenir dans le pays, ce qui laisse supposer qu'elles n'ont été mêlées que très indirectement aux guerres seigneuriales, aux troubles continuels qui se sont succédé presque sans interruption dans les siècles passés.

II

Suzeraineté du comte Harold d'Amanzé
seigneur d'Estieugues

Le château d'Estieugues était, suivant les souvenirs, la tradition et l'histoire, un des plus
importants de France; il était flanqué de neuf
tours, dont une est restée debout jusqu'en 1880.
Il ne reste aujourd'hui sur l'emplacement que
quelques ruines.

Ce château était entouré de fossés profonds et
de remparts élevés, ce qui lui donnait un aspect
formidable et le plaçait au premier rang parmi
les châteaux forts les plus renommés du royaume
de France.

La rivière *Trambouze* qui naît à la Ville, baignait
la colline sur laquelle était le château et une série
de petits étangs échelonnés sur deux petits vallons
parallèles rendaient l'accès du château plus difficile encore. De plus, il était gardé et surveillé par
une forteresse située au lieu dit le Châtelet, audessus de Mont-Florentin. Cette forteresse a été
rasée longtemps avant la Révolution. On distingue

aujourd'hui encore l'emplacement et les fossés qui l'entouraient ; mais ces ruines ont été moins visitées que le château qui avait survécu à sa forteresse protectrice.

Aux alentours se trouvaient de nombreux domaines formant la propriété seigneuriale. Les habitations du peuple ou des ouvriers se trouvaient toujours à une certaine distance de la seigneurie. Ces maisons étaient élevées sur les monts environnants et sur le flanc des côtes qui leur avaient été désignées.

De belles et vastes forêts couvraient tout le pays non cultivé ; ces forêts s'étendaient dans la direction du Sud-Est au Nord-Ouest, c'est-à-dire de Cours au Cergne.

C'est sur le col du Cergne, où il existe un joli plateau, qu'est construit aujourd'hui le bourg de la dite commune.

La forêt de Cours se trouvait découverte à l'endroit où est bâti aujourd'hui le centre de la ville. Cet emplacement était le lieu de rendez-vous des seigneurs, comtes et vassaux, avant le départ des courses ou des grandes chasses.

C'est de ce lieu de courses qu'est sorti le nom de Cours que porte glorieusement aujourd'hui la ville industrielle et manufacturière qui s'est élevée sur l'emplacement de ce rendez-vous de chasse. Il n'a pas d'autre origine.

Les forêts d'alors étaient sillonnées de promenades, de sentiers et charrières.

Les plus belles étaient celles qui partant du

château, passaient près de l'étang d'Estieugues. L'une se dirigeait du côté de Sevelinges et aboutissait au vieux château qui existe encore ; une autre se dirigeait vers le plateau du Cergne, qui était comme Cours un lieu de rendez-vous pour les fêtes, chasses et réjouissances.

Dans les environs du bourg du Cergne, on voit encore la fontaine de la Scye, dénommée aussi la Fontaine des Pleurs, en raison des larmes qu'y avait versées la comtesse d'Estieugues à la nouvelle de la mort du comte, tué en cet endroit par un sanglier.

Une belle promenade qui longeait la Trambouze dans tout son cours, était bordée des plus beaux arbres que le pays possédait alors : peupliers, tilleuls, platanes, sycomores.

Rien n'avait été négligé dans l'ornementation de cette belle vallée qui faisait les délices et les agréments des suzerains qui rendaient visite à leurs nobles et bons amis les comtes d'Estieugues.

Le comte Harold d'Amanzé était marié à demoiselle Florine de X..., fille du puissant seigneur des environs.

Les époux, doués l'un et l'autre d'une intelligence et d'un esprit élevés, eurent bientôt conquis l'estime de tous ceux qui les approchaient.

Ni l'envie, ni l'ambition ne troublaient le calme heureux qui régnait dans leur âme. Contents des avantages dont la nature les avait comblés, ils n'enviaient point au dehors, dit la naïve chronique à laquelle nous empruntons ces lignes, une réputation, fruit des préjugés et du caprice que donne l'intrigue et qu'ôte la calomnie.

S'aimer avait été pour eux une chose toute naturelle ; dès qu'ils eurent connu que la religion leur en imposait le devoir, ils laissèrent aller leur âme à ce doux entraînement qui les fit vivre dans une telle communion d'esprit, que chacun d'eux n'était pas moins instruit de ce qui se passait dans le cœur de l'autre que dans le sien propre.

Cependant, comme ils savaient bien que la perfection absolue ne serait jamais de ce monde, et convaincus de cette vérité que celui qui ne veut aimer que des personnes douées de toutes les qualités, court grand risque de n'en aimer aucune, le comte et la comtesse fermaient les yeux sur ces imperfections de la nature.

Il n'y avait point de peine insupportable, point de plaisir perdu pour eux, et la joie qu'ils éprouvaient dans cet épanchement était la plus sensible de toutes leurs joies. L'égoïsme était banni de cet intérieur tout rempli de l'affection et de la sollicitude des nobles époux.

Estieugues était un sanctuaire de vertu et non de médisance et de calomnie ; on ne s'y occupait des voisins et connaissances que pour leur faire du bien ; leurs vassaux n'étaient point à leurs yeux des êtres créés pour nourrir leur orgueil et satisfaire leur ambition.

Ils avaient appris et surtout retenu que c'étaient des frères ; cette dernière pensée dominait leur cœur. Ils étaient pour leurs égaux et leurs inférieurs doux et affables et avaient à tel point inculqué à leurs héritiers ces maximes de bonté et de bienveillance pour tous, que l'on disait de cette généreuse et noble famille : « Si les seigneurs d'Estieugues étaient tout puissants dans le monde, il ne pourrait y avoir de méchants.»

Le comte et la comtesse mettaient leurs soins à faire oublier à leurs inférieurs la distance que l'éducation et la fortune avaient mise entre eux.

La comtesse, sans cesse occupée à veiller à leurs moindres besoins, visitait souvent leurs chaumières. Sa présence ne manquait jamais d'apporter la consolation et la paix; toutes ses visites étaient marquées par un bienfait; aussi, toutes les maisons, toutes les portes s'ouvraient avec joie devant Florine, de même qu'Estieugues et ses alentours étaient ouverts aux gens de tous ordres sans distinction; de même que les seigneurs et vassaux y étaient reçus, les infortunés y trouvaient de tout temps un libre et facile accès.

Heureux du bonheur que leur libéralité faisait éclore, ces vertueux époux goûtaient de tout cœur le bonheur que l'on éprouve à faire le bien.

Chaque jour, Estieugues voyait son enceinte remplie d'une foule nombreuse; les uns venaient pour recevoir un secours, les autres pour remercier ou féliciter le comte ou la comtesse de leur belle et généreuse conduite.

Seigneurs, vassaux et paysans étaient fiers de se trouver ensemble au château et s'estimaient bien plus heureux encore de pouvoir se compter au nombre de leurs amis.

Le comte Harold avait un cœur large qui s'étendait et se multipliait, mais il ne s'abandonnait jamais sans prudence ni discernement.

Aimer est un besoin ; aussi la bonté du cœur d'Harold permit à l'amitié sincère de s'épanouir à Estieugues. Doué d'une délicatesse exquise, l'esprit pénétrant, le comte eut bientôt distingué ceux qui méritaient le plus son affection et étaient les plus dignes de sa confiance.

Il prit ses amis indistinctement partout et son choix une fois fait, il se livrait entièrement.

La défiance n'existait point dans son esprit.

Un jour, il disait à un de ses amis :

« Celui qui se défie de tout le monde donne à tous ceux qui l'approchent une opinion mauvaise de son cœur ; car, ou il juge les autres par lui-même ou se croit seul homme de bien. En ce cas, quel orgueil, quelle injustice ! Il n'y a point de honte à être trompé par quelqu'un ; mais il y en a beaucoup à se défier de tout le monde. Etre trompé, c'est payer le tribut que l'on doit à l'humanité ; le sage peut être trompé une fois, mais la deuxième fois, c'est toujours l'imprudent qui est trompé. »

Ces rapports si intimes, ces relations rendues si faciles et si agréables par le caractère des châtelains, jetèrent un nouveau lustre sur le bonheur des habitants d'Estieugues, dont le château fut désormais appelé « l'Ecole de l'Amitié.»

III

Naissance d'Eugène, fils d'Harold. Sa mort prématurée.

Plusieurs années de mariage s'étaient écoulées sans que le bonheur d'Harold et de son épouse parvînt à son apogée : il leur manquait un enfant ; enfin le ciel leur accorda ce fils si ardemment désiré qui reçut le prénom d'Eugène. Le jeune comte fut élevé dans des conditions tout à fait exceptionnelles.

Florine, sa mère, lui donna les premières leçons, les plus utiles, en joignant les exemples aux préceptes.

Eugène grandissait et mettait en pratique les sages conseils qu'il avait reçus dans sa jeunesse, c'est ainsi que vivant dans des milieux distingués, suivant strictement la conduite de son père, observant tout ce que Florine, sa mère, s'était efforcée de lui enseigner, les vertus et les qualités du jeune seigneur furent telles, qu'elles vinrent encore ennoblir cette famille d'Estieugues qui n'avait pas de rivale dans le royaume de France.

Après avoir passé quelques années au service du roi, Eugène se distingua dans le métier des armes.

De bonne heure, il eut acquis toutes les aptitudes des guerriers de l'époque. Après, quand son éducation militaire fut terminée, il eut le bonheur de rejoindre sa famille à Estieugues.

C'est dans la chapelle du château qu'il épousa une baronne du même nom que sa mère.

Il avait tant admiré les grandes et belles qualités réunies dans le cœur de sa mère, qu'il avait cru trouver dans une épouse de même nom, les mêmes faveurs de la nature; son espérance ne fut point déçue.

Le bonheur fut le partage des jeunes époux.

Imitant les qualités et les exemples du comte et de la comtesse, les charmes de la vie étaient pour eux les mêmes; aussi combien vive fut leur joie, leur bonheur, lorsque la jeune comtesse mit au monde un fils qui reçut le nom d'Arthur.

C'était ce jeune enfant qui devait plus tard mettre en relief le nom d'Estieugues. Arthur devint un des plus beaux hommes du royaume, et à sa beauté et à la grandeur de sa taille se joignit également la grandeur d'âme.

Cette famille, si unie, ne devait pas tarder à éprouver la séparation dans ce qu'elle a de plus cruel.

On était encore sous le règne de Louis XII; ce roi avait à cœur de rentrer en possession des biens de son aïeule Valentine Visconti, qui avait apporté en dot, à la couronne, les Etats de Gênes et le Milanais. Louis XII, dont tous les regards étaient tournés vers l'Italie, forma le projet d'une expédition dont Gaston de Foix eut le commandement et la haute direction. Cette expédition réunit la plupart des nobles, seigneurs et chevaliers du royaume; Eugène fut de ce nombre.

La séparation fut douloureuse; le chagrin du comte, qui laissait une jeune épouse et un petit enfant, fut terrible; mais n'écoutant que son devoir, il quitta Estieugues après avoir embrassé son épouse Florine et son fils Arthur pour la dernière fois.

Dieu ne lui permit pas de ramener la joie, qui disparut du foyer en même temps qu'il y laissa son baiser d'adieu.

Les troupes françaises, une fois en Italie, furent engagées, mais sans grandes pertes.

En 1512, eut lieu la fameuse bataille de Ravenne où les troupes françaises remportèrent une éclatante victoire. Gaston de Foix y perdit la vie ainsi que nombre de seigneurs, parmi lesquels le comte Eugène d'Estieugues.

Le page de celui-ci fut dépêché pour apporter cette triste nouvelle à la famille.

Quel jour de tristesse fut celui où l'affreuse nouvelle franchit la porte de la demeure seigneuriale! Quels cris, quels pleurs se succédèrent jusqu'au moment où la mère et la veuve se résignèrent enfin à la volonté de Dieu qui avait permis que le comte tombât sur le champ de bataille après avoir bravement combattu pour son pays et pour son roi.

Les beaux jours, les belles années qui avaient fait d'Estieugues une Terre Promise, étaient bien finis.

Estieugues devint l'asile de la tristesse, des larmes et parfois, comme on le verra dans la suite, du désespoir.

Néanmoins, Arthur, enfant plein de santé et de grâce, faisait espérer à sa mère de meilleurs jours.

IV

Adoption de Marguerite. — Fin d'Harold

Quand Arthur eut atteint l'âge d'un an, son aïeul Harold songea, de concert avec les comtesses, à donner une grande fête pour célébrer l'anniversaire de la naissance du jeune comte.

Harold se mit à l'œuvre pour donner à cette solennité tout l'éclat possible.

Des laquais, des courriers, des pages furent envoyés dans toutes les directions pour inviter les seigneurs voisins, les vassaux du comte et tous ses amis à prendre part aux réjouissances d'Estieugues.

Après avoir rempli scrupuleusement leur mission, tous revinrent au château rendre compte au seigneur du résultat de leur voyage. Tout allait à souhait.

Un seul rapporta une nouvelle qui, de prime abord, rendit le comte rêveur et soucieux.

Sa femme, Florine, qui observait, dans le plus grand silence, tous les gestes et regards du comte, son émotion, sa tristesse, demanda à

Harold si aucune mauvaise nouvelle ne serait venue troubler sa gaieté et sa joie habituelles.

« Oui, lui dit-il, vois, mon épouse : notre vieil et noble ami Sigismond a hâte que je me rende auprès de lui ; il a des recommandations importantes à me faire. Que pourrait-ce bien être ? un malheur ne l'aurait-il pas frappé qu'il n'ose me l'annoncer ? Ne serait-il pas alité par une maladie qui mettrait ses jours en danger ?

« Voyez, Florine, tout cela me plonge dans une inquiétude profonde, un abattement inexplicable.

« Il me prie d'aller le visiter pour apprendre des choses importantes qu'il veut me confier. »

Harold ne s'occupa plus que de son ami et de son malheureux sort. Florine partagea ses inquiétudes et engagea son époux à partir, en lui disant : « Va, cher époux, mais ne parle pas à notre ami, ni de nos joies, ni de nos tristesses ; les pensées qu'elles feraient naître en sa mémoire lui rappelleraient de trop touchants souvenirs. »

Ce comte, du nom de Sigismond, n'était veuf que depuis six mois seulement, après un an de mariage à peine.

La douce et tendre amitié des gens d'Estieugues lui avait donné et inspiré confiance.

Marguerite, fille de Sigismond, n'était âgée que de six mois ; elle n'avait jamais eu le bonheur de connaître sa mère qui mourut en la mettant au monde.

Son père, alité et souffrant, croyant retrouver en cet enfant les traits de son épouse chérie, ne put supporter qu'elle fût un instant séparée de lui.

En arrivant au castel, Harold se fit annoncer au moribond et demanda à lui parler.

Toutes les portes s'ouvrirent devant lui, car il était impatiemment attendu.

A la vue d'Harold, Sigismond parut se ranimer ; mais, hélas ! ce ne fut que l'affaire de quelques minutes ; un instant après, il retombait dans un grand abattement ; il touchait à sa fin.

Tous les hôtes du château étaient déjà dans le désespoir.

Néanmoins, Harold, devant son ami, sut contenir sa douleur.

Sigismond, d'une voix expirante, lui dit :

« Pardonnez, cher ami, mon exigence. Vous le voyez, cher Harold, je n'ai plus que quelques instants à vivre. Oserais-je vous confier ma chère Marguerite, cette Marguerite que j'aurais voulu voir encore longtemps ; c'était, croyez-le bien, elle et vous qui étiez tout ce qui me restait de précieux sur cette terre. Acceptez-la, cette enfant, en qui j'avais fondé toutes mes espérances.

« Je ne vous recommande pas de l'aimer, car je vous ai été trop cher pour qu'il ne vous soit pas facile de chérir ma fille. Songez au sort de mon enfant. Voyez, comte Harold, vous avez chez vous un enfant du nom d'Arthur qui est presque du même âge ; tous les deux seront élevés avec la même tendresse. »

Harold recueillait pieusement chacune des paroles presque inarticulées qui sortaient de la bouche de Sigismond mourant ; il ne put maîtriser son émotion.

C'est alors, les larmes aux yeux et en sanglotant, le corps appuyé sur la poitrine déjà glacée du mourant, qu'il lui dit :

« Oui, cher ami, oui, votre enfant Marguerite sera aussi la mienne, je vous le promets, je vous le jure. Jamais mon petit-fils n'aura d'autre épouse qu'elle, et Marguerite sera, soyez-en sûr, cher ami, la bienvenue à Estieugues. »

Sigismond veut encore parler, mais c'est à peine si quelques mots peuvent sortir de sa bouche presque fermée.

Harold a compris ; il prend Marguerite dans ses bras, l'embrasse en signe d'adoption et la présente une dernière fois à son père en le priant de la bénir, elle et son fils. Ce baiser fut le dernier, Sigismond n'était plus.

Harold, ajoute la chronique, montre que la vraie amitié ne consiste pas tant à pleurer longtemps la personne chérie et perdue que l'on a aimée, qu'à se mettre en devoir d'être utile à ceux qui lui survivent et dont elle était l'unique appui.

C'est ce que fit Harold en apportant à Florine, son épouse, le dépôt sacré dont il venait de se charger avec tant de générosité.

Instruite avec soin de tout ce qui s'était passé, Florine reçut Marguerite dans ses bras avec le même amour que si elle eût été sa fille.

La sollicitude de cette bonne mère empressée autour des deux enfants ne se démentit jamais.

L'arrivée à Estieugues de Marguerite eût été un jour de joie s'il n'avait été si rapproché d'un jour de tristesse.

On dut attendre quelque temps pour se réjouir et l'on fit coïncider cette fête avec l'anniversaire de la naissance d'Arthur.

On ne ménagea rien pour donner à cette solennité tout l'éclat possible.

La chasse était le plus grand plaisir du comte. Il invitait, en grand nombre, vassaux et seigneurs à partager ses expéditions et une fois le signal des chasses donné, la joie était à son comble.

Une chasse fut organisée pendant les fêtes qui se donnèrent à l'occasion de l'anniversaire de la naissance d'Arthur.

Rien n'y manqua. L'invitation avait été générale et jamais les heureux amis d'Estieugues n'avaient montré tant de zèle et ne s'étaient donné autant de joie.

Cette joie, hélas! fut éphémère; aucun de ceux qui avaient répondu à l'invitation du comte ne se doutait de la fin si triste de ces réjouissances. Aucun n'aurait pu prévoir que le résultat de cette chasse serait si funeste au comte Harold.

Comme à l'ordinaire, la chasse ouvrit la fête. Dès le point du jour, les hautes montagnes qui séparent le cours du Rhins et celui de la Trambouze, retentirent du son bruyant de nombreux clairons, trompes de chasse, cornes, etc.

L'écho de ces sonneries était porté au loin par cette belle vallée que baigne la Trambouze.

Harold, toujours à la tête de ses amis, car c'était un intrépide chasseur, ne reculant jamais devant le danger, se signalait par une adresse rare. Chacun de ses invités était désireux de l'imiter sans pouvoir y réussir.

Cette joyeuse troupe avait déjà parcouru tout l'espace qui sépare Cours de Mont-Pinay, en suivant la ligne de faîte.

Après avoir passé au Faou (aujourd'hui de Thel), battu tous les environs de Fons-Bouillante et les sources de la Trambouze (maintenant de La Ville), les chasseurs se replièrent sur les passages de Rotecorde et de la Bûche (de La Ville) et de là arrivèrent à la forêt du Cergne par les hauteurs de Fontimple (autrefois d'Ecoche).

Le jour touchait à son déclin ; plusieurs chasseurs égarés dans leur course venaient les uns après les autres au lieu du rendez-vous.

La chasse avait été heureuse pour tous. Harold, arrivé sur la hauteur du Cergne, se plaisait, étendu sur le gazon, sous un grand chêne, à contempler la plaine fertile du Roannais qui s'étalait à ses regards en attendant, avant de descendre au dernier rendez-vous, l'arrivée de ceux qui n'avaient pu le suivre dans sa course.

Content de sa journée, il n'ambitionnait rien de plus. Cependant jamais chasseur n'a remis au lendemain les chances d'une rencontre inespérée.

Cette rencontre fut la cause de la mort du vaillant chasseur :

Tandis que le comte, dit la chronique, goûtait

presque seul un peu de repos, un sanglier d'une prodigieuse grosseur se montra tout à coup à lui et à une distance peu éloignée.

L'animal gravissait lentement le flanc de la colline au sommet de laquelle Harold se trouvait assis, se dirigeant droit vers lui.

A la vue du sanglier, le comte oublia sa fatigue.

Debout, en moins de temps que ne met un éclair à parcourir l'horizon, Harold se mit en affût, puis avança pour recevoir hardiment l'animal.

Ses amis, confiants dans son habileté, lui laissèrent le plaisir d'abattre seul le sanglier.

Surpris et frappé de plusieurs coups, l'animal devint furieux et, loin de fuir son ennemi, quoique blessé mortellement, il se précipita avec fureur sur le comte.

Celui-ci ne broncha pas ; mais, soit émotion, soit faiblesse, il porta à faux le coup qui devait terrasser l'animal. Il perdit l'équilibre et tomba à la renverse. L'œil fut plus lent à voir ce qui se passa, que le sanglier ne mit de temps pour saisir à pleine dent l'infortuné chasseur.

Le comte fut à la merci de l'animal avant qu'aucun de ses amis, spectateurs éloignés, ne pût arriver pour lui porter secours.

C'est sur les bords de la fontaine de la Scye que se passa ce douloureux évènement.

Cette fontaine existe encore; mais les travaux des chercheurs d'eau ont réduit de beaucoup l'importance de cette source, qui est située presque au point d'intersection de deux lignes dont l'une partirait du Cergne pour aboutir à la Renaudière et l'autre commencerait au hameau de la Scye et passerait par le contour du chemin allant du Cergne à Cours, à l'endroit où existait, il y a quelque dix ans à peine, une tournerie sur bois.

On renonce à décrire la douleur et les remords des compagnons d'Harold qui, comprenant le danger, arrivèrent, non plus pour lui porter secours, mais pour recevoir dans leurs bras son corps inanimé.

Le sanglier, en se jetant sur le chasseur, l'avait saisi à la gorge et lui avait enlevé la vie en même temps qu'il la perdait lui-même.

Un long gémissement s'échappa de la poitrine des malheureux amis d'Harold et parcourut la vallée en même temps que la sonnerie d'alarme des trompes annonçait au loin le terrible malheur.

Ces cris et ces sonneries parvinrent aux oreilles de la comtesse et de sa suite, qui se trouvaient alors à la Villette, allant à la rencontre des chasseurs, pour partager, durant le retour, leurs joies et leurs plaisirs.

Essayer de dépeindre la douleur et l'émotion de la comtesse en apprenant ce qui venait d'arriver, est chose impossible.

La malheureuse femme tomba dans un long évanouissement. Quand elle eut repris ses sens, elle demanda à voir le corps de celui qu'elle avait tant aimé. On le lui montra. Avant qu'on ait pu la retenir, elle se jeta sur ce corps inanimé, mais non encore glacé par la mort.

La comtesse, après avoir longtemps pleuré, fut prise d'une syncope dont on ne put la faire sortir ; elle mourut à son tour en serrant étroitement entre ses bras le cadavre de son mari.

Depuis ce temps et pendant près d'un demi-siècle, nous dit la chronique, on vit souvent errer deux ombres sur les bords de cette source qui fut depuis, et pendant des siècles, appelée la « Fontaine des Pleurs. »

Ces ombres se réunissaient quelques instants, s'embrassaient tendrement, disparaissaient ensuite. Les paysans, qui étaient témoins de ces scènes attendrissantes, n'en étaient point effrayés, car ils croyaient voir dans ces ombres Harold et son épouse.

Florine, femme d'Eugène, venait de voir disparaître les siens, c'est-à-dire le comte Harold et sa belle-mère la comtesse Florine.

Si elle n'avait été soutenue dans cette épreuve par la Providence, elle eût infailliblement succombé à son tour ; mais le grand devoir qu'elle avait à remplir eut raison de son abattement.

Elle ne se laissa point aller au découragement. Elle redoubla au contraire d'affection et de soins pour ceux qui lui restaient à chérir en ce monde.

Elever son fils Arthur dans la bonne voie, ainsi que Marguerite, sa fille adoptive, confiée au comte Harold par le comte Sigismond sur son lit de mort, devint son unique préoccupation.

V

Jeunesse d'Arthur et de Marguerite

Florine s'efforça d'oublier le passé en nourrissant son esprit des espérances de l'avenir ; mais de toutes ses pensées, la plus chère fut toujours de guider, de protéger la jeunesse de ses deux enfants, le seul bien qui l'attachât encore à la vie.

Elevés ensemble et du même âge, à quelques semaines près, ils commencèrent à balbutier quelques mots.

Les premiers qui sortirent de leur bouche furent ceux de « mère » puis de « frère » et « sœur ». Florine ne les détrompa jamais de leur innocente erreur.

Dès qu'elle les vit s'exprimer avec intelligence, elle mit tous ses soins à cultiver leur esprit et à nourrir leur âme des principes de la religion.

Les enfants aiment toujours ce que les parents chérissent ; c'est pourquoi ils aimeront Dieu si on leur donne l'exemple de cet amour.

Dirigé par une femme de mérite, l'esprit de Marguerite semblait grandir avec le nombre des connaissances qu'elle acquérait chaque jour ; les heureuses qualités dont la nature s'était plu à douer cette aimable enfant, lui permirent de faire en peu de temps de rapides progrès.

D'une intelligence moins vive, Arthur, malgré ses efforts, n'obtint pas des succès aussi brillants, et le jeune comte le comprenant, ne pouvait dissimuler la peine qu'il en ressentait.

Marguerite, quoique jeune encore, le remarqua et désormais elle ne voulut plus paraître comprendre que par Arthur.

Enfant, elle savait déjà s'imposer ces petits sacrifices d'amour-propre si utiles, si nécessaires à notre bonheur, fruits généreux d'un cœur droit, sincère et entièrement dévoué.

Florine, qui ne les perdait jamais de vue, pleurait souvent de joie en voyant les heureuses dispositions de celle qu'elle destinait pour épouse à son fils. Souvent elle la prenait avec ivresse sur son cœur et, le regard tourné vers le ciel, elle prononçait avec émotion ces paroles :

« Grâce te soit rendue, mon fils sera heureux ! Je t'en bénis, ô ciel ! » et alors, elle la couvrait des baisers les plus tendres.

Arthur accourait les partager ; mais sa présence paraissait comprimer ces transports et troubler la pensée de bonheur qu'elle laissait échapper dans ces moments de prescience maternelle.

L'éducation, dit-on, fait l'homme ; nous naissons tous enclins au mal, comme parfois disposés au bien.

La comtesse, comprenant toute l'importance de ce principe, ne voulut jamais confier à des mains mercenaires le soin d'élever ses deux enfants.

Quoique née dans un siècle d'ignorance, la science, alors renfermée dans les cloîtres et monastères, était sortie pour elle de sa retraite.

Florine, grâce à son esprit élevé et à son intelligence supérieure, était une des femmes les plus instruites de son époque.

Après la nourriture du corps qu'elle donnait à ses enfants, elle leur distribuait encore avec autant de zèle que d'habileté, celle de l'esprit et du cœur. Cependant leur éducation première ne leur suffit point. Leurs rapports et relations dans la vie leur en imposaient une autre tout à fait indispensable : l'éducation civile ou sociale.

Arthur et Marguerite avaient eu le bonheur de trouver dans leur mère un mentor sage et éclairé, car la comtesse, depuis la mort de son époux, avait gardé une retraite aussi sévère que la bienséance le lui avait permis.

Mais Arthur et Marguerite avançaient en âge ; il leur fallait pour remplir sagement les devoirs de leur condition, acquérir de nouvelles connaissances, faire l'apprentissage de la vie.

De nouvelles théories, de nouvelles leçons et recommandations leur devenaient donc absolument nécessaires.

Florine le comprenait et elle accepta sans murmurer le nouveau devoir, les nouveaux sacrifices qui lui étaient imposés ; il y a tant de dévouement et de ressources dans le cœur d'une bonne mère !

Elle leur annonça sa résolution en ces termes :

« Mes enfants, il est temps que vous sortiez de la retraite que vous avez gardée jusqu'à présent. Le premier pas que vous allez faire dans le monde est des plus importants.

« On revient rarement d'un premier jugement ; car bonnes ou mauvaises, les premières impressions que vous laisserez seront difficiles à détruire.

« Ayez toujours un front calme ; rien ne plaît tant à votre âge et ne charme tant que cette sérénité d'âme, fille d'une conscience tranquille et d'un cœur qui n'est point agité par le tumulte des passions.

« Soyez modestes dans vos relations avec les autres. Que la modestie préside dans toutes vos conversations et vos entretiens.

« La modestie est si belle ! On sait toujours que sous son voile se cachent les qualités les plus brillantes.

« Soyez droit dans vos démarches, vrais dans vos discours, sincères et fidèles à vos promesses ; montrez-vous toujours ennemis de la déloyauté.

« Quelque motifs que vous ayez pour ne pas révéler vos pensées, rien ne peut vous autoriser à dire le contraire de ce que vous pensez.

« Il n'y a point de mensonge nécessaire ; le plus léger a presque toujours des conséquences fâcheuses et il nous fait perdre irrémédiablement l'estime et la confiance de nos semblables.

« Pour être vrai, il n'est point utile de tout

dévoiler : savoir se taire est souvent une précieuse qualité.

« Oui, mes enfants, outre l'interprétation maligne qu'un monde trop porté à nous censurer peut donner à nos discours, beaucoup d'autres motifs nous obligent à une grande circonspection dans nos paroles.

« En habituant votre entourage à des confidences faciles, vous l'enhardissez assez pour qu'il vous demande compte de toutes vos actions et vous l'autorisez à se mêler de toutes vos affaires.

« Cependant, ne poussez pas la discrétion trop loin : quand on est trop réservé avec les hommes, on excite leur curiosité, et comme ils sont toujours portés à expliquer notre conduite suivant leurs affections, leurs caprices ou leurs passions, il arrive rarement qu'ils assignent à nos démarches des motifs qu'un homme d'honneur puisse avouer publiquement.

« Ne vous emparez pas de la conversation de manière à empêcher les autres d'énoncer leur opinion.

« On pardonne difficilement à la jeunesse les fautes qu'elle commet sur ce point, quelle que soit son éducation ou sa naissance.

« Vous avez de la fortune, mes enfants, vous avez aussi des talents ; ne vous enorgueillissez point ; vous ne les avez reçus que pour en faire un bon et salutaire usage.

« Que votre fortune, vos talents ne fassent jamais l'objet de vos entretiens : les hommes supportent rarement, sans murmures et sans envie, la supériorité.

« Intéressez-vous aux autres. Lorsque vous pourrez faire le bien, n'en perdez jamais l'occasion. C'est un devoir que vous avez à remplir et une dette que vous aurez de moins à acquitter. Mais, gardez-vous de le faire avec ostentation.

« Que votre gauche ignore les bienfaits que distribue votre droite. Surtout, ne faites jamais sentir à votre voisin que vous êtes son bienfaiteur, car il arrive que les hommes fuient un bienfaiteur vaniteux comme un créancier envers lequel ils ne peuvent s'acquitter.

« Soyez donc pleins d'affection pour vos semblables. Ceux qui n'ont point d'amitié, point de bienveillance pour leurs frères et qui vivent concentrés dans leur égoïsme, méritent d'être et sont, en effet, abandonnés de tout le monde le jour où ils réclament le secours d'autrui.

« Montrez-vous toujours généreux à propos, justes et pleins de complaisance envers ceux que la naissance ou l'infortune ont précipités dans le malheur.

« Conservez ces maximes, mes enfants, et n'en perdez jamais le souvenir. Chaque matin, après avoir rempli vos devoirs envers votre créateur, occupez vos pensées de ces maximes : si vous les pratiquez, le soir, vous serez heureux des fautes qu'elles vous auront permis d'éviter. »

L'attention réfléchie d'Arthur et de Marguerite, leur docilité à écouter et à suivre ces leçons, pénétrèrent l'âme de cette bonne mère des plus douces émotions.

Cependant, une chose venait tempérer la joie de la comtesse. Malgré ses soins, elle ne réussissait pas à détruire dans le cœur d'Arthur les germes de jalousie dont l'existence lui avait été révélée à diverses reprises.

Par contre, l'heureux naturel de Marguerite, ses brillantes qualités, rendaient à la comtesse toute sa confiance.

« Elle saura tout prévoir, se disait-elle. Elle annihilera sûrement la subtilité de ce funeste poison, et ils seront heureux quand même. »

Les désirs d'une mère adressés au ciel en faveur de son fils, pourraient-ils ne pas y être accueillis ?

VI

Adolescence d'Arthur et de Marguerite

Ce fut vers ce temps-là que Mme de Beaujeu, en délicatesse avec Louis XII, vint loin de la cour passer quelques jours à Beaujeu, où elle attendit que le temps affermît sa réconciliation avec le roi.

Instruite par la renommée de la haute sagesse de la comtesse d'Estieugues, de ses épreuves et surtout des espérances qu'elle fondait avec raison sur l'avenir de ses deux enfants, elle voulut l'honorer plusieurs fois de sa visite.

Florine la reçut avec honneur et distinction.

Heureuse de trouver une occasion aussi belle de faire renaître les fêtes brillantes que la mort des comtes Harold et Eugène, son époux, avait si cruellement interrompues, elle n'oublia rien pour leur donner la pompe et l'entrain dignes de l'hôte important qu'elle recevait.

La belle et gracieuse Marguerite en était le plus bel ornement et rien n'égalait l'éclat et le charme qu'elle répandait autour d'elle.

Telle que la première rose éclose aux doux

rayons du soleil attire par son parfum et captive les regards, la jeune Marguerite, par sa beauté frappait tous les yeux et par son affectueuse douceur, la simplicité et la délicatesse de ses manières gagnait tous les cœurs.

Elle eut de nombreux admirateurs.

Deux surtout se firent remarquer, mais d'une manière bien différente.

Le rôle important qu'ils jouent dans cette histoire nous les fera connaître au fur et à mesure que nous en tournerons les pages.

L'un était d'une haute naissance et faisait partie de la suite de Beaujeu ; c'était Merlin de Montrenard ; l'autre n'avait de noble que le cœur, il se nommait Richard.

Le premier avait assez de finesse ; les saillies de son esprit, son caractère vif, enjoué, ses manières affables, l'intérêt qu'il cherchait à inspirer lui attachèrent bien vite le cœur du jeune comte d'Estieugues.

Le second, sans avoir ces manières séduisantes, ressources précieuses de la médiocrité, joignait à un esprit pénétrant la droiture du cœur et la profondeur du jugement.

Cette réunion rare de qualités aussi précieuses avait porté Florine à attirer dans son château ce jeune homme, que sa naissance et plus encore sa modestie condamnaient à la retraite.

Il était donc devenu l'ami et le camarade fidèle du jeune comte Arthur.

Si les hommes, même les plus judicieux, se

laissent entraîner par de vaines apparences, il ne faut point faire un reproche trop sévère à Arthur de la préférence qu'il donnait à Merlin de Montrenard sur son ami, que désormais il laissa dans l'abandon et dans l'oubli.

La jeunesse est l'âge des illusions ; elle mesure tout à la hauteur de ses sentiments.

Peu défiante, elle croit aisément trouver dans les autres la noblesse et la dignité des sentiments qu'elle apporte elle-même dans toutes ses relations. C'est ce qui la rend aussi facile et la livre si souvent à l'exploitation des âmes basses et corrompues.

Il en est des jeunes gens comme des plantes : on connaît à leurs premiers fruits ce qu'on doit en attendre pour l'avenir.

La conduite d'Arthur, dans cette circonstance, montra à l'œil intelligent et exercé de sa mère le côté faible de son fils et lui fit appréhender de tristes conséquences.

Florine, tout en déplorant une telle faiblesse, mit tout en œuvre pour y apporter remède.

Ses efforts généreux le rappelèrent à la justice ; mais ils ne purent jamais détruire ses premières impressions.

Les mauvais exemples et les conseils pernicieux laissent toujours dans l'esprit et le cœur de ceux qui n'ont pas su s'en défendre, quelques traces dont les suites peuvent être souvent funestes.

La loi royale d'alors exigeait déjà que les jeunes

gens suivissent pendant quelque temps la carrière des armes.

Héritiers des titres de leurs ancêtres, ils aimaient à prouver par leur courage et leur valeur qu'ils étaient dignes des honneurs et de la gloire que la naissance leur transmettait.

Arthur allait bientôt atteindre l'âge où, comme les autres, il devait entrer dans la carrière.

Cette pensée occupait depuis longtemps l'âme de Florine.

La liaison si intime et si vive du jeune Arthur avec Merlin vint ajouter aux mille craintes qui l'agitaient déjà.

Mais cet usage était devenu un devoir et la comtesse d'Estieugues, malgré le sacrifice immense que cet éloignement allait lui imposer, avait l'âme trop élevée et le cœur trop noble, trop dévoué, pour ne pas immoler quelques années de bonheur à l'honneur et peut-être à la gloire de son fils.

Tel était le caractère du jeune comte, qu'il n'avait qu'à se montrer pour inspirer l'intérêt et mériter l'estime et la confiance.

Sans avoir une figure belle, ses traits étaient réguliers, expressifs.

L'ensemble de sa physionomie avait quelque chose de grand et ses manières, quoique simples, dénonçaient une âme délicate, sensible, judicieuse. Né avec un esprit juste, mais facile et trop crédule, il joignait la noblesse des sentiments à tous les agréments que peuvent donner l'éducation la plus cultivée et un goût naturel pour les lettres.

Un jeune homme n'a pas de meilleur juge qu'une mère sage et éclairée.

Florine était fière de son fils.

Aussi, la certitude qu'elle avait des succès qu'Arthur obtiendrait dans le grand monde où il allait bientôt paraître, la soutenait au milieu de ses inquiétudes et la fortifiait contre les nombreuses épreuves qui, d'après ses prévisions, devaient être la conséquence de son départ.

Ce jour tant redouté de tout le monde arriva.

La comtesse voulut encore, avant de se séparer de son fils, lui donner quelques conseils ; elle le fit venir auprès d'elle et lui dit d'une voix émue :

« Mon fils, vous voilà parvenu à l'âge de quinze ans. Je n'ai eu, jusqu'à ce jour, qu'à me louer des évènements de votre jeunesse.

« Mais le théâtre où vous allez paraître perd souvent les jeunes gens de votre âge.

« Recevez donc les dernières leçons d'une mère qui vous aime tendrement et qui ne veut plus, désormais, que vous la regardiez que comme votre meilleure amie.

« Vous êtes homme de qualité ; il faut l'avoir su, Arthur, mais il faut l'oublier.

« Ce n'est pas à votre mémoire de vous le rappeler ; ce sont les sentiments de votre âme qui doivent seuls vous en faire souvenir dans toutes les occasions de votre vie.

« Souvenez-vous de votre naissance, puisqu'elle

vous impose des devoirs; souvenez-vous de vos aïeux, puisqu'ils sont pour vous des exemples; mais gardez-vous de croire que la nature vous ait transmis leur gloire comme un héritage dont vous n'avez plus qu'à jouir.

« Gardez-vous de cet orgueil impatient et jaloux qui, sur la foi d'un nom, prétend que tout lui cède et s'indigne des préférences que le mérite obtient sur lui.

« Laissez ces prétentions ridicules aux intrigants et à ces hommes qu'on appelle communément « nouveaux parvenus » : pauvres en sentiments, sans délicatesse aucune, ils croient racheter par leur arrogance et l'étalage de leur fortune, les vices d'une nature ingrate ou d'une éducation imparfaite ou stérile.

« De telles gens n'ont pas de cœur; évitez-les autant que possible, et dans les rapports que vous devrez avoir avec eux, oubliez leurs préjugés et abstenez-vous, à leur égard, de toute observation, juste ou fausse : ils ne vous pardonneraient jamais.

« Soyez modeste, bon, affable, respectueux ; mais jamais bas; si vous souhaitez des emplois, n'ayez recours ni à l'intrigue ni à la flatterie pour les obtenir.

« Cherchez au contraire à vous en rendre digne par votre bonne conduite et votre application.

.« L'intrigant est presque toujours incapable, et abandonné à ses seules forces, il est bientôt apprécié à sa juste valeur par les hommes éclairés et indépendants.

« Ne vous irritez point des préférences qu'il pourrait obtenir sur vous ; le vrai mérite est de savoir se mettre au-dessus de tous ces caprices et de ces faiblesses de l'humanité.

« Les emplois sont pour l'homme consciencieux une charge bien lourde ; je ne sais si je dois vous en souhaiter.

« Commander aux hommes est un art bien difficile, mon fils, et nos mœurs l'ont aujourd'hui hérissé de dangers et d'amertume.

« Combien de sacrifices ne faut-il pas faire à leurs intérêts ?

« Heureux encore si l'ingratitude, la calomnie, n'étaient la récompense réservée au zèle que l'on a mis à leur être utile, quelquefois malgré toutes les susceptibilités de leur amour-propre et à l'encontre de leur esprit égaré.

« Mais être ainsi utile à ses frères est le propre d'une grande âme et d'un noble dévouement.

« En suivant une telle conduite, on mérite tôt ou tard l'estime, l'amour des gens de bien et la reconnaissance de la patrie pour laquelle un Français ne doit jamais hésiter à s'imposer de semblables sacrifices.

« La gloire suit toujours une telle conduite et si elle n'y est pas, la vertu la vaut bien. »

A mesure que Florine parlait, sa voix calme et un peu émue s'éleva insensiblement et devint bientôt, par son animation, haute et solennelle.

Quand on sent une chose vivement, il est difficile de ne point l'exprimer de même.

Le cœur grand et noble de la comtesse d'Estieugues se montrait tout à découvert dans cette circonstance.

Arthur, attentif, en était frappé autant que de la sagesse de ses leçons.

L'arrivée non prévue de Marguerite interrompit la comtesse et suspendit un moment le cours des graves pensées dont était préoccupée l'âme d'Arthur.

Le jeune comte lui trouva dans l'air et la tournure quelque chose d'insolite, et celle-ci, au milieu de son embarras, alla, sur un léger signe de sa mère adoptive, se mettre, non pas à côté de son frère, mais près d'elle et dans un sens opposé.

Pour ne pas laisser plus longtemps à l'imagination d'Arthur le champ libre de riantes et douces images d'un avenir encore incertain, la comtesse reprit la parole et, s'adressant à Marguerite :

« Venez, ma fille, lui dit-elle, prendre part aux avis que je donne à votre frère ; ils pourront peut-être un jour vous être utiles à vous-même.

« La vérité est bonne à tous les âges, à tous les sexes.

« Parlez peu, mes enfants, et observez beaucoup. Ne jugez jamais les hommes sur leur langage ; attendez et voyez leurs actions ; mais pour les juger sans injustice, examinez-les sans passion et surtout n'oubliez jamais de tenir compte des circonstances qui les dominent.

« Toujours maîtres de vous-mêmes, sachez vous modérer dans vos peines comme dans vos joies.

« Ne confiez jamais au premier venu vos chagrins, vos malheurs, ni votre prospérité.

« Une trop grande confiance est un mal.

« C'est une faiblesse dont les conséquences sont fort souvent très graves et elle manque presque toujours son but.

« Soyez prudents dans vos liaisons ; fuyez les ambitieux : ils sont presque toujours en divorce avec l'innocence.

« Brûlant du désir d'arriver, ils sont peu scrupuleux sur le choix des moyens.

« Dès leur réveil, ils songent et délibèrent pour savoir de quelle vertu ils feront leur victime.

« Envieux des succès qui ne leur sont point dus, ils ont toujours peur qu'on leur enlève une action d'éclat et s'ils l'osaient, ils feraient échouer, en la ternissant, celle dont ils ne peuvent revendiquer la gloire. Le bien public est un malheur s'il ne leur est pas attribué.

« Faites votre devoir sans regarder autour de vous ; ce n'est pas sur les discours que l'on tiendra que vous réglerez vos actions, ce sera à vos actions à régler les discours que l'on doit tenir à votre sujet.

« Ne laissez pas échapper l'occasion de faire ressortir vos bonnes qualités, mais sans avoir recours au mensonge et à la jactance qui révoltent un cœur droit.

« Une trop grande modestie dans le monde nuit presque autant qu'un orgueil présomptueux. Mais en vous montrant sous votre côté favorable,

prenez bien garde de le faire trop remarquer ;
vous manqueriez alors votre but. Il faut laisser
deviner aux hommes que nous valons beaucoup
mieux que nous le paraissons tout d'abord.

« Les hommes nous jugent à la mesure de nos
prétentions.

« Si vous vous faites trop valoir, vous les ren-
drez trop exigeants.

« Ils pèseront alors toutes vos paroles, épieront
toutes vos démarches, interprèteront à leur manière toutes vos actions, et s'ils viennent à découvrir en vous un défaut, ç'en est fait de votre mérite.

« Mais souvenez-vous que le secret de bien
vivre avec les autres est de se montrer sans cesse
occupé d'eux et de ne le paraître jamais de soi.

« Voilà, mon fils, les avis principaux que j'avais
à vous donner ; ils sont le fruit d'observations
particulières recueillies au milieu de bien des
épreuves, ils seront, je l'espère, inséparablement
unis dans votre pensée, au souvenir de votre mère
et à celui de votre sœur.

« Oui, pensez à moi, pensez à Marguerite. Pensez
à celle qui fera un jour votre bonheur... Arthur,
je dois vous le déclarer aujourd'hui....

« *Marguerite n'est point votre sœur, mais doit
être un jour votre épouse !* »

Accablé sous le poids d'une révélation aussi
inattendue, le jeune comte ne pouvait revenir de son
étonnement. Florine se hâta de lui faire connaître
l'histoire de Marguerite.

Arthur comprit les raisons que sa mère avait

eues de les lui laisser ignorer jusqu'à ce jour et un rayon de joie et de bonheur vint briller sur son jeune front.

Marguerite, de son côté, avait été instruite, mais avec ménagement, des malheurs de son enfance et des engagements qu'on avait pris pour elle.

Elle ne put, sans douleur, écouter des récits aussi pénibles. Quelques larmes s'échappèrent de sa paupière.

Arthur approchait de l'âge qui appelait tous les jeunes seigneurs à faire leurs preuves et à montrer dans les exercices militaires qu'ils étaient dignes de porter le nom de leurs aïeux.

Florine, en mère éclairée, qui cherche plutôt le bien de ses enfants que le sien propre, dissimula tout ce que coûtait à son cœur une séparation toujours cruelle.

Comme elle venait de donner à son fils les plus sages conseils, elle l'embrassa tendrement.

Marguerite, aussi affligée que sa mère adoptive, fit présent à Arthur d'une belle écharpe bleue ; elle y avait entrelacé dans une belle broderie les chiffres d'Arthur et les siens ; elle fit promettre à son frère adoptif de conserver toujours ce mémorial d'une amitié qui ne devait jamais s'éteindre.

Ce gage qui, la veille, n'aurait eu que le mérite d'un simple souvenir fraternel, avait aujourd'hui un double prix.

Arthur ne put lui-même, en le recevant, se défendre d'un sentiment de timidité qu'il ne s'était point connu jusqu'alors.

Témoin de leur embarras, Florine qui, elle-même, partageait toutes leurs émotions, les reçut l'un et l'autre dans ses bras et les couvrit de ses baisers et de ses larmes.

Son âme abattue n'eut pas la force de résister au plaisir et à la peine inséparables d'une scène si touchante et elle les tint longtemps tous les deux pressés sur son cœur sans pouvoir prononcer une seule parole.

Cependant il fallut se séparer. Ce moment fut douloureux ; mais si Arthur en s'éloignant de ce qu'il avait de plus cher, emportait des regrets sincères, il conservait aussi dans son cœur une bien douce pensée, celle d'avoir un jour pour épouse Marguerite, sa meilleure amie. Il lui semblait en ce moment, avoir pour elle un double cœur.

VII

Education spéciale de Marguerite.

Florine ne put de bien longtemps s'accoutumer à l'absence de son fils. C'est que le cœur d'une bonne mère veille toujours de loin comme de près; sans cesse il poursuit de sa tendre sollicitude l'enfant de son amour. Les esprits et les cœurs corrompus peuvent à peine se défendre de cette voix sublime de la nature.

Mais dès que la comtesse se vit seule avec Marguerite, elle sentit redoubler en elle la tendresse qu'elle avait toujours eue pour cette aimable fille. Elle atteignait sa seizième année; son éducation, jusqu'à ce jour, avait été presque la même que celle d'Arthur.

Cependant, la femme a, par nature, une organisation bien différente de celle de l'homme. Sensible et délicate, elle demande, pour bien remplir la haute mission à laquelle le bien-être matériel et moral de la société la convie, une attention et des soins qu'une mère vertueuse seule comprend et saura donner.

Fleur brillante de l'humanité, elle orne, embellit et charme tout ici-bas. En elle on trouve toutes les qualités dont l'homme peut s'enorgueillir pourvu qu'une sage culture ait présidé à son développement.

Devenue jeune fille, Marguerite joignait aux formes séduisantes du corps, les grâces de l'esprit et du cœur. Les exemples édifiants de sa mère adoptive lui avaient appris de bonne heure à être bonne fille et amie sincère.

Exempte des défauts ordinaires et presque inhérents à la fragile nature de son sexe, timide et parlant peu, elle repoussait la médisance avec la même horreur que la calomnie : celle-là est quelquefois bien plus dangereuse. Elle ne jugeait et ne condamnait jamais personne sur le rapport d'autrui. Défendre les malheureux absents, s'ils étaient dignes de son estime, était un vrai plaisir. Qu'un esprit aussi juste, qu'un aussi bon cœur sont rares de nos jours ! Mais elle gardait un silence absolu sur le compte des personnes vicieuses ou méprisables.

Le défenseur de tout le monde n'est ordinairement l'ami de personne. D'ailleurs l'indulgence, cette vertu des âmes fortes et généreuses, ne va point jusqu'à blesser la justice et la vérité ; elle plaint, pardonne, soulage même, mais elle se tait.

Toujours d'une humeur égale, sans vanité aucune, Marguerite se montrait en société et avec tout le monde, douce, affectueuse, bonne et pleine de reconnaissance pour la moindre attention qu'on avait pour elle ; active et bienfaisante, affable et modeste dans ses manières, sincère dans son affection, droite dans ses intentions, elle avait l'esprit bien fait, c'est-à-dire qu'elle prenait avec simplicité tout ce qu'on lui disait.

Il n'y a pas de responsabilité plus grande, de soins plus sérieux et plus graves que ceux que l'éducation de l'esprit et du cœur impose à la sollicitude d'une mère. Car sur elle repose tout l'avenir de ses enfants et le bonheur de leur seconde et future famille.

Les richesses et la beauté de l'âme seront toujours pour l'homme intelligent, malgré la corruption du siècle, préférables à ces charmes fugitifs et aux présents trompeurs de la fortune.

Une maladie efface la beauté des traits, celle de l'âme dure autant que la vie.

Pénétrée de ces vérités, Florine mit ses soins les plus sérieux à cultiver le cœur et l'esprit de sa fille adoptive. Elle ne négligea rien pour rendre aimable le caractère de la jeune fille.

Modèle des jeunes personnes de son âge, Marguerite se faisait aimer de tous ceux qui l'approchaient. Le monde est sévère, souvent injuste, mais il rend tôt ou tard justice.

Florine disait souvent :

« Mon enfant, on a toujours assez d'esprit quand on l'a droit et commode. La jeune personne a un bon esprit lorsqu'elle est entièrement adonnée à ce qu'elle fait, quand elle est simple, gaie, prenant tout en bonne part, ne se fâchant de rien. Celle qui a l'esprit juste et simple va droit au fait ; elle cherche à s'instruire quand elle ne comprend pas d'abord ; elle se rend à la raison dès qu'on la lui montre, en demeure frappée et convaincue. »

Ces maximes, que la comtesse ne craignait point de lui rémémorer quand les circonstances en fournissaient l'occasion, produisirent les plus heureux fruits, et Marguerite, au printemps de la vie, avait la sagesse et la prudence de l'âge mûr.

Son air réfléchi et même un peu sévère aurait peut-être gagné à moins de perfection. On aime voir à chaque âge ses attributs : un abandon éclairé a tant de charmes !

Mais la comtesse pensait, et avec raison, qu'il ne suffit point d'avoir un cœur bon et généreux, un esprit juste et droit. La mission qu'elle est appelée à remplir demande d'elle quelque chose de plus : la vertu. Mais la vertu peut-elle exister sans la religion ? La religion est la force de la femme ; c'est elle qui en l'élevant au-dessus des jouissances mondaines, la fait parvenir au sublime degré de la vertu ; elle embellit tout en elle et met entre ses charmes et son cœur cette aimable harmonie qui est son plus bel attrait.

« J'ignore, disait un jour Florine à sa fille, comment une femme peut remplir ses devoirs, s'assujettir à cette foule de souffrances et de sacrifices qui nous sont imposés et se résigner à son sort avec patience et sans murmure, si la religion ne vient répandre dans son cœur, son baume consolateur.

« Qu'est-ce qu'une femme sans religion ? Elle n'est plus de son sexe : c'est un bel esprit, un faux philosophe, mais elle n'est plus épouse, n'est plus mère ; elle a perdu toute prudence, toute dignité. La plante frêle et délicate de sa vertu se dessèche quand elle n'est plus alimentée par la confiance en Dieu, et l'observateur profond aperçoit même sur son visage les traces de l'impiété. Les traits deviennent plus sombres, plus soucieux, plus durs. La beauté physique peut rester, mais elle n'a plus ce charme que donne une conscience pure et tranquille.

« C'est tandis que vous êtes dans un âge tendre, ajoutait Florine, que vous devez, ma fille, vous habituer à vaincre vos répugnances, à savoir souffrir : en un mot, vous préparer à cette existence d'épouse et de mère, existence qui demande plus d'une sorte de courage. »

Ainsi s'élevait, dans le calme et la retraite, la future comtesse d'Estieugues.

En nourrissant l'esprit et le cœur de Marguerite des sages leçons que l'expérience et sa haute raison lui avaient fournies, Florine la préparait contre les épreuves de la vie.

Mais hélas ! elle était loin de penser à quels tourments Marguerite serait un jour exposée !

VIII

Mariage d'Arthur et de Marguerite
Mort de Florine

Cependant Florine, malgré les difficultés des relations à cette époque, recevait quelquefois des nouvelles de son fils.

Ce ne fut pas sans un plaisir bien vif et une profonde émotion qu'elle apprit l'accueil flatteur qu'il avait reçu à la cour.

Frappé de l'air noble et distingué du jeune comte d'Estieugues et de sa cordiale franchise, le duc de Bourgogne, auquel Mme de Beaujeu l'avait spécialement recommandé, sollicita et obtint du roi la faveur de l'attacher à sa suite.

Arthur s'estima heureux de marcher sous les ordres d'un prince dont la loyauté égalait le courage.

La guerre venait de se rallumer entre la France et l'Italie.

Arthur y suivit son protecteur.

Le prince, placé à la tête de l'armée qui devait

franchir les Alpes, comprit bientôt tout ce qu'il y avait de force et de courage dans l'âme de ce jeune homme.

Après cette courte, mais glorieuse campagne, témoin de son intrépidité et de sa valeur, il voulut lui faire donner, quoique jeune encore, le titre de chevalier.

Instruit de ses hauts faits, le roi accéda avec plaisir à la demande du prince ; mais, par une rare et insigne faveur, il se réserva de lui confier lui-même un titre que les circonstances lui rendaient cher et encore plus glorieux.

Arthur, au comble de ses vœux, ne soupira plus qu'après le jour où il pourrait déposer entre les mains de sa mère et de Marguerite les témoignages d'une gloire aussi noblement acquise.

Les fêtes brillantes de la cour, les honneurs, les félicitations qu'il y recevait, ne purent lui faire oublier un instant les lieux qui l'avaient vu naître.

Le roi dut céder à ses pressantes sollicitations, et bientôt il partit pour Estieugues, où tout le monde fut heureux de le recevoir.

Rien n'avait pu distraire Florine et Marguerite de l'absence de leur cher Arthur.

Chaque jour, il était, pour elles, l'objet de longues conversations.

Le temps, loin de calmer leur douleur, ne faisait qu'augmenter leurs regrets.

La longueur de l'absence et les périls de la guerre ajoutaient sans cesse à leur tristesse et à leur crainte.

Cependant, le bruit public avait appris à Florine l'honorable distinction dont son fils avait été l'objet.

Elle ne put voir sans orgueil qu'Arthur avait hérité de la valeur de ses ancêtres.

De son côté, Marguerite n'était point insensible à la gloire dont il se couvrait.

Amie des grandes choses, son âme, émue par ces récits, ne pouvait dissimuler le plaisir que son cœur en ressentait, surtout en pensant qu'il lui était destiné pour époux.

Le retour d'Arthur à Estieugues fut pour tous un jour de fête.

On ne peut dépeindre le plaisir et le bonheur qu'il éprouva, ni celui que son arrivée y fit naître.

Il était dans la force de l'âge.

Plein de vigueur, son corps bien formé s'était développé par les exercices militaires.

Sa taille, sans être trop élevée, était fort au-dessus de la moyenne ; sa démarche était grave ; son front large et découvert ajoutait à la simplicité élégante de son maintien un air de grandeur que venaient tempérer la beauté et la douceur de son regard.

Toujours bon, affable, généreux, expansif, mais toujours minutieux et exigeant à l'égard de ses amis, s'il faisait quelque avance, s'il prodiguait quelque caresse, il voulait en être payé par un sincère et affectueux retour.

L'importance qu'il y attachait ternissait ses belles qualités.

L'abandon ne fait-il pas tout le charme de l'amitié ?

Celui qui veut pénétrer trop avant dans le cœur d'un ami est indiscret et court le danger de s'en exclure pour toujours.

La comtesse, pour fêter dignement le retour de son fils, avait, dans une invitation générale, réuni tous les seigneurs voisins.

Depuis la mort de son malheureux époux, c'était la deuxième fois seulement qu'Estieugues prenait un air de fête et de bonheur.

On paraissait avoir tout oublié.

Richard lui-même, que l'ingratitude d'Arthur avait autrefois si impressionné, ne put se refuser à cette invitation.

Cependant une pensée secrète l'occupait :

Marguerite l'avait touché au cœur.

Si ces impressions premières avaient exalté chez lui les sentiments les plus beaux, elles devaient plus tard le plonger dans un dégoût et une indifférence qui le rendirent d'humeur capricieuse et importune.

Son nom, sa naissance ne pouvaient lui donner une ombre d'espérance. Il le sentait.

Au reste, ne savait-il pas qu'elle était destinée à Arthur ? Mais on ne commande pas à l'amour ; il est au-dessus de tous les raisonnements et surmonte toutes les philosophies.

Chez certaines natures, il grandit en raison des obstacles qu'il rencontre.

Enfant du mystère, l'éloignement et la contradiction ajoutent encore à toutes les illusions d'un esprit fasciné et d'un cœur épris.

Arthur venait de compléter sa vingt-deuxième année; Marguerite atteignait sa vingt-unième.

Florine ne voulut pas différer plus longtemps une union qu'elle avait préparée et qu'elle désirait aussi ardemment qu'Arthur et Marguerite la désiraient eux-mêmes.

Le mariage eut lieu dans la chapelle du château en présence de toute la noblesse des environs.

Le festin fut splendide. Une vraie joie éclatait de toutes parts.

Après la noce et le festin, les habitants de Cours et des environs accourus à Estieugues, exécutèrent aux sons de leurs instruments champêtres des danses villageoises sur la pelouse et le gazon verdoyant dont le château était entouré.

Des feux furent allumés sur les points les plus élevés de la montagne pour annoncer au loin la félicité et le bonheur des jeunes époux.

Florine, suivie de ses deux enfants, parcourait la foule des assistants et distribuait ses libéralités et ses largesses.

Un enthousiasme général les acclamait et les suivait partout.

Cette scène touchante, élan généreux de cœurs bons, sincères et reconnaissants, les émut jusqu'au fond de l'âme.

Ils ne purent se défendre tous les trois de verser des larmes de joie, et ils eurent beaucoup de peine à s'arracher du milieu de cette foule heureuse qui les comblait de caresses affectueuses et adressait au ciel, en faveur des nouveaux époux, les vœux les plus ardents.

« Voilà, leur dit la comtesse lorsqu'ils furent rentrés au château, le tableau le plus sensible et le plus touchant du vrai bonheur sur la terre.

« Il n'est point le fruit de l'opulence, et vous le rencontrerez rarement sous les lambris dorés.

« Il consiste dans la paix de l'âme, heureux et sage résultat de ces harmonieux rapports de la conscience avec la volonté.

« Tous les airs empruntés du monde ne sont qu'un voile jeté sur les travers d'une nature vicieuse ou d'un intérieur malheureux ou agité par les passions.

« Dépourvus des biens de la fortune, ces hommes sont heureux et leur bonheur n'est troublé ni par les vaniteuses prétentions de l'orgueil, ni par les inspirations souvent peu légitimes d'une ambition démesurée.

« Leur esprit n'a pas été perverti par les doctrines insensées des optimistes.

« Plus vrais parce qu'ils sont plus près de la nature rectifiée et dirigée par les sentiments religieux, ils basent avec justice leur jugement sur la raison universelle, contre laquelle tenteront en vain de réagir toutes les utopies des intelligences obtuses et corrompues.

« Ils comprendront la folie de ceux qui, plagiaires ridicules de systèmes usés par les siècles, ont rêvé dans le monde matériel l'uniformité que la nature s'est plu à combattre dans l'ordre physique, intellectuel et moral.

« Mais si ces hommes sont équitables, s'ils se laissent ainsi diriger, c'est, mes enfants, que nous n'avons jamais, croyons-nous, abusé de leur bonne foi ni de leur croyance.

« Le peuple, quoique bon, est ombrageux et difficile.

« Le premier devoir de celui qui est ou veut se mettre à sa tête, est de l'étudier, de le comprendre.

« Nos préjugés et nos passions rendent souvent cette étude difficile et périlleuse.

« Connaître ses caprices pour ne pas trop les heurter, réprimer ses antipathies, imprimer à son opinion une direction désintéressée et sage, voilà mes enfants, la sublime conduite que doit avoir celui qui embrasse, par naissance ou par état, la terrible mission de commander à ses semblables. Elle suppose — chose assez rare — un esprit juste, actif, un cœur bon et un dévouement à toute épreuve.

« Si la naissance vous a placés au-dessus d'eux, ce n'est point pour que vous les regardiez comme des esclaves, mais pour que vous les éclairiez et soyez en tout temps leur mentor, leur conseiller, leur père ; qu'ils trouvent auprès de vous un accueil facile, une humeur égale et toujours disposée à écouter leurs demandes et à entendre leurs observations.

« Mais gardez-vous d'être pour eux un objet de scandale et de chute. Les peuples s'autorisent des fautes des grands. Venues d'en haut, ces impressions funestes se gravent vivement. On les voit rarement s'effacer et se guérir ; toujours il en reste quelque chose.

« C'est ainsi, mes enfants, que votre père s'est conduit envers ceux qui lui étaient soumis. Leur présence ici, leur vive allégresse sont pour moi le témoignage le plus touchant et la preuve la plus certaine que j'ai été assez heureuse pour vous conserver leur cœur. Vous le voyez, ils sont à vous ; vous les garderez si vous suivez cette même ligne de conduite, et surtout si vous n'oubliez jamais qu'ils sont vos frères... »

Une aurore nouvelle semblait s'être levée sur Estieugues. Ces premiers rayons semblaient présager de beaux jours. Tout concourait à en faire naître la douce espérance.

Mais le plaisir, comme la douleur, peut, dans un excès, avoir un moment terrible.

L'âme soumise à des impressions trop vives suspend, et quelquefois pour toujours, cette intimité merveilleuse établie entre elle et les parties qui constituent notre corps.

Les forces de Florine, déjà ébranlées par tant d'épreuves et de combats, ne purent résister à une si grande joie.

Dès le soir même, une faiblesse générale s'empara d'elle ; ses enfants en furent justement alarmés, et leur douleur s'augmenta en voyant l'inutilité de leurs soins.

Douce et calme, Florine portait empreinte sur

son front la sérénité de l'innocence. En voyant la
sollicitude et la douleur de ses enfants, en recevant leurs caresses, ses yeux se remplissent de
larmes. Elle les console, les soutient et les encou-
rage à supporter avec calme et résignation, la
poignante douleur d'une longue et cruelle séparation.

Elle leur adressa ces paroles d'une voix presque
éteinte :

« Je sens ma fin approcher ; je vous vois unis,
je vous vois heureux. Que le ciel vous conserve
l'un à l'autre pendant de longues années. Je n'ai
plus qu'un désir, celui de revoir mon époux.

« Mais, leur dit-elle, pourquoi vous abandonnez-
vous aux larmes ? Pourquoi redoutez-vous ma
mort ? Elle est un bien pour tous les hommes ;
c'est la nuit de ce jour inquiet qu'on appelle la vie.

« Il faut mourir pour vivre et cette nuit ne paraît
que pour amener l'aurore d'un éternel printemps,
au sein duquel nous nous retrouverons un jour...
je l'espère. »

Elle ne put en dire davantage, et ses lèvres
déjà glacées exhalèrent le dernier soupir.

Ainsi s'éteignit tout à coup, et dans les bras de
ses enfants, cette vertueuse épouse, cette mère
tendre et chérie.

Une mort aussi subite, au milieu de semblables
circonstances, frappa tous les esprits et navra
tous les cœurs. Il semblait qu'il ne pouvait plus
y avoir à Estieugues de festins ni de joie sans
qu'on eût à déplorer un malheur.

Harold n'était-il point mort ainsi que son épouse au milieu d'une fête qu'ils donnaient en l'honneur de l'anniversaire de leur petit-fils? Et aujourd'hui Florine, après avoir traversé toutes les épreuves de son long voyage, succombait de joie au moment où elle n'avait plus qu'à jouir du fruit de ses peines et de l'accomplissement de ses espérances.

Il ne faut se glorifier de rien sur la terre. Possesseurs plus ou moins heureux d'un présent rarement sans nuage, l'avenir toujours incertain ne nous appartient pas : il est entre les mains d'une intelligence souveraine qui voit et régit tout ici-bas.

La mort de Florine fut une épreuve cruelle pour le cœur des jeunes époux. Leur douleur fut profonde. Heureusement, ils trouvèrent dans leur amour un adoucissement à leurs maux.

Cette perte fit un vide immense dans leur âme ; ils ne purent en perdre le souvenir et ce fut leur premier malheur.

Cependant ils surent se montrer grands dans cette épreuve.

Il est chez les âmes nobles une pudeur qui les empêche d'exprimer hautement leur souffrance ; elles en dérobent orgueilleusement l'étendue à ceux qu'elles aiment par un sentiment de charité voluptueuse.

Marguerite fut la première à jeter un voile sur le passé et elle parut avoir tout oublié. Toujours douce, toujours aimable, elle n'eut, dès lors, qu'un seul but : le bonheur de son époux.

Convaincue qu'une épouse ne peut manquer
d'être heureuse si son époux est heureux à ses
côtés, elle eut la généreuse pensée, le bon esprit
de diriger vers cet objet et d'y faire converger
tendrement toutes ses actions et toutes ses
pensées.

Sa conduite en société était prudente et sage.
Attentive à veiller sur ses paroles comme sur ses
moindres actions, elle ne laissait pas, malgré cela,
d'avoir une libre aisance dans laquelle l'affectation ni la raideur ne paraissaient jamais.

Elle savait, en conversation, donner à ses paroles,
selon les lieux, les circonstances et les personnes,
un tour aimable et enjoué, grave ou recueilli qui
plaisait toujours à l'esprit et intéressait le cœur.

Moins bien favorisé de la nature, le comte était
loin de posséder à un degré aussi élevé l'empire
de soi-même. Mais la sagesse de son épouse
suppléait à cette faiblesse et, grâce à sa prudence,
aucune brouille, aucun nuage ne s'était élevé
entre eux.

La naissance d'un fils vint encore resserrer les
liens si doux qui les unissaient.

A l'exemple de sa mère adoptive, Marguerite
voulut elle-même nourrir son fils. Il n'y eut pas
de peine, pas de privations qu'elle ne s'imposât
pour remplir dignement ce devoir sacré.

Héritant pour l'ordinaire de la constitution de
sa mère, formé de sa substance, l'enfant reçoit
dans la liqueur précieuse que la nature a préparée
pour lui dans ses organes, une nourriture qui est

en rapport avec son état de vigueur ou de faiblesse ;
ce qu'elle ne peut trouver dans une nourrice si
bien choisie qu'elle soit. Aussi, une mère qui, sans
motif sérieux et grave, livre à des mains mercenaires le soin de donner à son enfant cette seconde
vie qu'elle lui doit, manque, selon nous, à son
premier devoir et n'est mère qu'à demi.

Non, il n'y a rien de comparable au cœur d'une
mère ! Heureux et mille fois heureux l'enfant qui
se développe et grandit entouré de ses soins délicats et au milieu de ses tendres caresses.

Le fils de Marguerite jouissait de ce rare
bonheur. Déjà il savait prononcer distinctement
quelques mots ; déjà il commençait seul et sans
guide à diriger ses pas vers la voix amie qui
l'appelait, lorsqu'un ordre du roi vint troubler
cette tendre félicité.

IX

Arthur et Marguerite à la Cour.

François Iᵉʳ venait d'être appelé au trône de France après la mort de Louis XII.

Ce souverain, jaloux de donner à sa cour un air de grandeur et de dignité et voulant à tout prix adoucir l'humeur sauvage des barons de son royaume, organisa dans la capitale des jeux et des fêtes où tous les seigneurs, sans exception, furent conviés.

Le comte et la comtesse d'Estieugues furent de ce nombre ; mais, au reçu de cette invitation, ils éprouvèrent une émotion profonde.

Le bonheur conjugal reste rarement sans nuage au milieu des agitations et des plaisirs du monde.

La douce tranquillité qui régnait à Estieugues, le bonheur qu'Arthur y goûtait, lui avaient fait oublier entièrement la faveur dont il avait joui autrefois à la cour et les honneurs qu'il y avait reçus.

La paix et les joies intérieures de la famille ne

sont-elles pas préférables à l'éclat des fêtes royales ?

Ces pensées étaient continuellement présentes à l'esprit de Marguerite qui répugnait à ce voyage.

Son cœur se partageait entre son mari qu'elle voulait suivre, et son enfant qu'elle allait abandonner à des mains étrangères.

Elle craignait pour Arthur et pour elle les suites d'une jalousie mal éteinte. De noirs pressentiments agitaient son âme vivement émue.

Infortunée comtesse, que n'eût-elle pas fait pour empêcher ce voyage, s'il lui eût été donné de prévoir l'avenir ! Mais il y a des évènements qu'il faut subir dans l'ordre où la Providence les envoie.

Arthur eut beau alléguer mille raisons, il fallut céder à une invitation qui devenait un ordre.

Le désir de briller, le souvenir de ses succès passés, furent plus que suffisants pour ébranler son âme faible et inconstante.

Pour peu qu'une épouse ait de finesse d'esprit, elle découvre bien vite, par l'habitude qu'elle a d'étudier son mari, non seulement ses petites faiblesses, mais encore les moindres combats qui peuvent agiter son âme.

Marguerite ne fut pas longtemps à surprendre ce qui se passait dans celle d'Arthur.

L'amour qu'elle avait pour la retraite, sa connaissance approfondie des hommes, mais surtout de son époux, lui inspirèrent l'heureuse idée de décliner ces honneurs.

Une femme aimée de son époux n'obtient-elle pas toujours de lui ce qu'elle demande avec prudence et discernement ?

La comtesse triompha donc facilement du premier mouvement échappé au comte, et elle l'amena sans difficultés à des vues qu'il partageait déjà.

L'amour qu'Arthur avait pour Marguerite était trop vrai, trop sincère, pour qu'il ne lui sacrifiât pas les espérances même les plus brillantes.

En vain quelques amis essayèrent-ils de le gagner. Ni le souvenir des lauriers qu'il avait autrefois cueillis sur le champ de bataille, ni la faveur dont il avait joui à la cour et qu'on invoquait pour le séduire, ne purent le décider.

Elever son fils, le voir grandir à ses côtés, protéger son enfance, faire autour de lui tout le bien possible et payer enfin d'un juste retour l'amour qu'on lui témoignait, devait être et serait désormais, disait-il, sa seule et unique ambition.

Marguerite sentit son cœur soulagé d'un poids immense, lorsqu'elle vit la résolution ferme que le comte venait de prendre.

Mais il faut se défier souvent dans la vie de ce qui nous paraît le plus assuré, et nous ne pouvons nous prévaloir de rien. La plus noble des épouses allait bientôt en faire la triste expérience.

Arthur avait autrefois connu et fréquenté à la cour un jeune homme dont l'esprit avait gagné son cœur. La franchise et la loyauté du comte d'Estieugues avaient transformé ces relations en une étroite amitié.

Le cœur droit juge les autres d'après ses propres sentiments et se défie rarement. Il vaut mieux, en effet, comme disait César, périr une fois que de se défier toujours.

Cet ami de jeunesse était Merlin de Montrenard. Il connaissait Estieugues et il avait pu, pendant le séjour qu'il y avait fait, apprécier l'amabilité de Marguerite et juger de ses vertus.

Vivement mortifié du regard vigilant de Florine et de la prudente réserve que la future comtesse d'Estieugues gardait à son égard, il avait juré, en les quittant, de se venger.

Devenu le favori de François Ier, l'occasion lui parut favorable. Il s'empressa donc de lui signaler l'absence du comte et de la comtesse d'Estieugues.

Jusque-là Arthur avait été heureux de cet oubli. En vain la renommée faisait-elle retentir à ses oreilles le bruit des fêtes brillantes qui se donnaient à la cour et les éclatants triomphes de ses anciens compagnons d'armes, rien ne pouvait l'ébranler, rien n'était préférable à ses yeux, au calme de sa retraite.

Il n'eut pas longtemps à s'en féliciter.

Un ordre du roi lui-même lui enjoignant de se rendre au plus tôt à la cour avec la comtesse vint le jeter dans un trouble inexprimable.

L'ordre était formel et direct. Ne pas obéir eût été grave.

Marguerite, réfléchissant aux dangers qu'une désobéissance pouvait entraîner, fut la première à prendre son parti. Elle aimait trop son époux et l'avenir de son fils la touchait de trop près pour ne pas céder dans de semblables circonstances.

Cependant sa volonté eût été aveuglément suivie ; elle le savait ; mais en épouse sage, elle se garda bien de conseiller à Arthur une résistance qui pouvait les perdre. Il est d'une âme grande et élevée de savoir s'imposer des sacrifices pour le bonheur de ceux qu'elle aime.

Ce qui la préoccupait, c'était la sévérité de cet ordre.

D'où venait une telle exigence, et quelle inspiration avait poussé le roi à agir avec tant de rigueur à leur égard? Ils ne pouvaient se l'expliquer. (Le roi avait dépêché lui-même un de ses pages à la seigneurie d'Estieugues).

La comtesse se décida à partir et elle en fit prendre la résolution à Arthur.

Dès lors mille craintes, mille appréhensions surgirent dans son esprit.

Jeune et belle, comment pourra-t-elle paraître à la cour sans éveiller les susceptibilités du comte ? Comment conserver entre eux cette harmonie, fruit heureux de ses efforts de chaque jour. De tristes pressentiments assaillaient son cœur.

Le comte, de son côté, ne pouvait deviner les motifs de cette invitation si directe.

Repassant dans sa mémoire la faveur dont il avait joui auprès du roi et les honneurs dont on l'avait comblé à la cour, il ne crut voir dans l'ordre impératif du souverain qu'un souvenir honorable et flatteur pour lui.

Le jour du départ fut arrêté.

Arthur et Marguerite choisirent pour élever leur jeune enfant une nourrice fidèle. Ce fut néanmoins une séparation bien douloureuse.

Arthur, sur un beau cheval blanc, marchait aux côtés de Marguerite qui montait un cheval d'égale beauté, tenant d'une main un grand voile de soie blanche et de l'autre une bride de pourpre.

Ses regards se reportaient souvent sur son noble époux qui, nous rapporte la chronique, était un des plus beaux enfants de France.

Arthur et Marguerite, aux côtés l'un de l'autre, figuraient la force et la majesté allant de pair avec la grâce et la candeur.

Pour s'éviter le spectacle du chagrin et des larmes de leurs vassaux, les jeunes époux étaient partis avant l'aurore, accompagnés de leurs plus fidèles serviteurs qui devaient être leurs compagnons de voyage.

On ne saurait dépeindre la peine qu'ils éprouvèrent en quittant Estieugues, ni les efforts qu'ils firent pour abandonner le castel qui les avait vu naître ; ils se retournaient à chaque instant, vers les lieux où ils avaient passé leur enfance ; ils étaient, pour ainsi dire, comme ces infortunés matelots qu'un tourbillon furieux arrache au rivage chéri.

Durant la route, la bonne grâce de l'un et de l'autre attirait tous les regards.

Leur arrivée à la cour produisit une grande sensation parmi les nobles qui les avaient devancés.

Le comte et la comtesse d'Estieugues reçurent du roi l'accueil le plus flatteur : François I⁰ʳ descendit de son trône pour leur tendre sa main royale.

Arthur ne vit d'abord en cette haute marque de faveur qu'une expression nouvelle du vif intérêt qu'il avait autrefois inspiré à la cour.

Quant à Marguerite, étrangère à toutes ces formes empruntées, à ce langage flatteur dont l'expression, aussi légère que le fond, glaçait son esprit, elle ne savait que penser de cette marque de courtoisie.

Et que de fois, seule, au retour des soirées brillantes de la cour, elle s'abandonna à l'amertume et laissa tomber en secret une larme en pensant à Estieugues, à son fils, à tout ce qu'elle avait de plus cher au monde. La mélancolie et la tristesse étaient tout le fruit qu'elle retirait de ces nombreuses et séduisantes réunions.

Invitée à toutes les fêtes, elle s'y montrait toujours avec éclat et distinction.

Douée d'une grande perspicacité, elle connut bien vite l'esprit qui les animait.

Aussi sincère et vraie dans l'expression de ses sentiments que dans ses affections, elle ne put voir sans une peine bien vive, que dans ces cercles distingués qu'on nomme le monde, on ignorait tout à fait les véritables plaisirs du cœur.

On s'y réunit, mais sans savoir pourquoi ; on veut s'amuser et l'on s'ennuie ; il faut toujours avoir quelque chose à dire ; on fait des observations quoiqu'on n'ait rien observé; on exprime des sentiments que l'on n'a pas ressentis.

Ces obligeances de la société, appelées convenances, qui font de l'homme un être purement machinal, rendaient Marguerite inquiète et pensive.

Elle sentait qu'à force de se façonner à tous ces faux airs, de farder son esprit et son cœur, on devenait incapable de toute chose grande et noble, car les idées se rapetissent en ne se rattachant qu'à de petites choses.

Le plaisir et la joie ne peuvent guère exister là où il y a contrainte.

Marguerite, entourée de tous les égards, recherchée et universellement admirée, passait au milieu de ces fêtes une vie triste et pénible.

Arthur était heureux de l'espèce de culte qu'on rendait à son épouse.

Mais, si Marguerite voyait avec bonheur la joie que son époux en ressentait, la crainte de réveiller en lui le germe de jalousie qu'elle lui connaissait et la surveillance continuelle qu'elle était obligée d'entretenir sur lui et sur elle, lui faisaient désirer la fin d'un genre de vie qui pouvait à chaque instant compromettre pour toujours son bonheur.

L'homme enclin à la jalousie est inaccessible à la raison dès qu'il s'élève le moindre soupçon dans son âme.

La comtesse d'Estieugues, comprenant le danger qu'elle courait, redoubla de soins et d'attention.

Elle savait qu'une femme, pour être heureuse, doit dominer son mari, non par l'expression d'une volonté ferme, mais par la douceur, par une tendresse intelligente qui la rende toujours la reine chérie et aimée de sa maison.

D'ailleurs, comme l'a dit un poète, avec autant de délicatesse que de goût :

> L'homme ne sait aimer qu'autant qu'on sait lui plaire.
> Femme, de votre époux, sondez le caractère;
> Ménagez-lui le prix de la moindre faveur.
> A l'orgueil, à l'humeur, opposez le sourire;
> L'innocence aux soupçons, le calme à la fureur;
> Régnez en suppliant et fondez votre empire
> Sur l'amour et sur la douceur.

Cependant le roi continuait à répandre par sa gaîté et son affabilité naturelles, le contentement et la joie sur tout ce qui l'entourait.

Les tournois qu'il avait établis pour récréer et exercer tout à la fois les jeunes seigneurs et les puissants de son royaume, se continuaient avec éclat.

Toujours infatigable, souvent vainqueur, jamais vaincu, Arthur n'avait rien perdu de son ancienne valeur.

Fier de ses souvenirs, jaloux de paraître aux yeux de tout ce que la France possédait de distingué et de montrer à son roi qu'il ne devait point désespérer du salut de son royaume tant qu'il posséderait des hommes aussi valeureux, il ne manquait jamais d'assister à ces bruyants et dangereux exercices.

Son ambition la plus chère, la plus grande, tout son bonheur, était de sortir triomphant et de déposer entre les mains de son épouse, les lauriers qu'il y avait remportés.

La comtesse les recevait toujours avec cette délicatesse affectueuse qui caractérise les âmes nobles et sensibles. Elle ne pouvait dissimuler les joies qu'elle en ressentait.

Il y a dans la femme une gaîté légère qui dissipe la tristesse de l'homme ; ses grâces font évanouir les noirs fantômes de l'ennui. Ce charme de la famille, Marguerite le possédait au plus haut degré.

Les soucis, les peines, les contrariétés, tout venait donc se dissiper et se fondre dans les bras de cette intelligente et vertueuse épouse.

Depuis quelque temps, Arthur était moins heureux ; plusieurs petits échecs avaient porté le découragement dans son âme. Marguerite s'en aperçut bientôt.

Le danger qu'elle appréhendait, qui semblait devenir plus menaçant chaque jour, et le souvenir de son fils, lui faisaient désirer avec anxiété une occasion de quitter la cour pour retourner à Estieugues.

Le dégoût subit d'Arthur vint donc à propos favoriser ses desseins. Elle le soutint dans son abattement, mais sans chercher à le relever entiè-rement ; et, tout en le consolant de ses peines, elle lui rappelait Estieugues, son fils, avec ses petites caresses enfantines, qu'ils étaient si heureux de partager, et lui montrait toute la différence entre leur vie présente et celle qu'ils passaient à Estieugues.

Un soir, Arthur entraîna Marguerite vers une galerie, où ils goûtaient parfois ensemble les douceurs d'une belle nuit; la lune répandait une pâle lueur, le ciel était pur; un calme profond régnait:

— Quittons Paris, dit-il à la comtesse, fuyons un séjour que je ne puis plus supporter.

L'orgueil froissé est prompt en résolution et le comte n'aurait pas hésité un seul instant à partir si la prudente Marguerite ne lui eût démontré que leur intérêt, et surtout les convenances, leur commandaient des précautions et un devoir rigoureux: celui de prendre congé du roi, et faire une visite d'adieux à leurs amis.

Arthur, pénétré de ces raisons, se confia aveuglément entre les mains habiles et délicates de son intelligente épouse.

Il ne voulut plus, dès ce jour, suivre aucun jeu, ni aller à aucune fête ou réception.

Il se retirait dans les lieux isolés.

Sombre et mélancolique, il passait, dans la tristesse et la solitude, les heures qu'il consacrait naguère à la joie et aux plaisirs.

« Voyez, dit-il à Marguerite, êtes-vous heureuse ici? Ne regrettez-vous point notre vieux manoir et nos belles et solitaires promenades sur les rives de la Trambouze?

« Pourquoi voulez-vous que je prolonge vos ennuis en prolongeant notre séjour dans la capitale.

— Mon bonheur est d'être avec vous, lui dit Marguerite, et tant que je vous posséderai, je n'aurai rien à souhaiter sur cette terre. »

Elle prononça ces paroles d'un ton si affectueux, qu'Arthur fut ému jusqu'au fond de l'âme et oublia tous ses ennuis.

La vive préoccupation dont elle voyait son époux accablé, fit réfléchir Marguerite.

Etait-elle allée trop loin, ou bien aurait-elle, sans le vouloir, donné naissance à quelques soupçons ?

Sa perplexité était grande.

Pour en sortir, elle n'avait qu'un moyen : fuir au plus tôt, et elle se décida à prendre ce parti.

Mais le temps s'écoulait rapidement dans l'intimité de cet entretien.

Minuit sonnait au beffroi de l'hôtel-de-ville, pendant que Marguerite donnait en secret, à ses serviteurs, l'ordre de tout préparer pour rentrer à Estieugues.

Mais, tandis qu'elle faisait parvenir au roi les raisons qu'elle alléguait pour motiver un départ aussi prompt, et que, presque assurée du succès de ses démarches, elle s'abandonnait au doux espoir de revoir bientôt son fils et de jouir d'une douce paix à Estieugues, loin du tumulte et de l'agitation d'un monde qu'elle ne pouvait comprendre, Arthur recevait par un écuyer du roi, un ordre qui l'appelait sans délai à la cour.

Il en avait reçu souvent de semblables, et malgré cela, il n'était point rassuré.

Cependant, il obéit; et, sans en informer la comtesse, il partit, espérant sans doute venir la rejoindre bientôt; mais, hélas! il ne devait la revoir qu'après avoir éprouvé bien des malheurs.

X

François et Marguerite. — Trahison d'un serviteur. — Fureur et intrigues de Merlin. — Enlèvement de Marguerite.

Marguerite n'avait pu paraître à la cour avec tant de distinction, sans attirer bien des regards sur elle et sans produire des impressions plus ou moins profondes.

François Ier ne put lui-même rester indifférent à tant de charmes.

Une passion funeste s'alluma dans son cœur et son favori Merlin de Montrenard, qui s'en aperçut, au lieu de chercher à éteindre cet incendie naissant, ne fit qu'en aviver la flamme.

Il employa toutes les ruses, se servit de tous les moyens pour rendre plus intenses les désirs du roi.

Cependant, tous les jours, Merlin venait, en qualité d'ami, chez Arthur.

La noble confiance et la générosité du comte ne méritaient cependant pas d'être aussi odieusement trahies.

Les amitiés que l'intérêt nous amène ou qui naissent de certaines circonstances, sont toujours dangereuses et souvent perfides.

Pour les envieux et les jaloux, rien n'est sacré; ils abusent de tout et ne reculent devant aucun moyen.

Déjà, Merlin avait commencé ce triste rôle à l'égard d'Arthur et de Marguerite et il allait le continuer avec toute l'opiniâtreté et l'audace d'un homme qui veut à tout prix faire triompher ses desseins.

Comme tous les jeunes gens légers et infatués d'eux-mêmes, Merlin de Montrenard mettait dans ses relations la meilleure part de l'esprit qu'il possédait.

Du reste, la nature s'était plu à le combler des charmes fugitifs d'un extérieur agréable.

Il avait donc pour lui : esprit, forme et beauté; il le savait et ses prétentions grandissaient en proportion.

Rien ne devait lui résister et il ne doutait pas que la comtesse d'Estieugues, envers laquelle il avait épuisé les égards et les soins les plus empressés, ne ressentît pour lui quelque inclination secrète.

Mais il était dans l'illusion, et sa témérité lui en donna bientôt la certitude.

Douée d'une rare prudence, Marguerite se garda bien de faire connaître à son époux les assiduités empressées dont elle était l'objet.

L'épouse qui les dévoile à un mari ombrageux

est naïve ; et elle pose, sans s'en douter, le premier anneau de la chaîne des contradictions et des peines qu'elle ne tardera pas à voir se dérouler.

Une femme a tant de moyens de se défaire de ces importuns peu délicats.

Mais Marguerite ne pouvait pas en user ; la susceptibilité d'Arthur l'obligeait à ménager Merlin.

Lorsque le comte et la comtesse d'Estieugues arrivèrent à Paris, ils furent obligés, pour donner à leur maison l'éclat et le ton que leur rang réclamait, d'en augmenter le personnel.

Ce soin, ils le cédèrent aux instances empressées de Merlin de Montrenard qui, au courant des habitudes et des usages de la capitale, avait, en homme de goût, procuré à la comtesse une femme de compagnie des mieux façonnées aux manières et au langage de la cour.

Heureuse de ce choix, Marguerite, peu habituée aux formes hypocrites de la nouvelle société qu'elle fréquentait, ne sut pas, dans son abandon, cacher toute sa pensée.

François Ier avait d'abord employé les voies ordinaires de séduction : lettres flatteuses, promesses magnifiques, cadeaux superbes, rien ne fut épargné pour vaincre une résistance qui augmentait sa passion au lieu de l'éteindre.

Marguerite, forte de sa foi et fidèle à son honneur, refusait tout ; elle renvoyait les présents sans les voir et les lettres sans les décacheter.

Ces manœuvres odieuses duraient déjà depuis longtemps.

Marguerite n'osait s'en ouvrir à Arthur, elle redoutait les excès de sa jalousie.

Elle espérait que sa fermeté mettrait un terme à ces indignes persécutions et que le roi ouvrirait enfin les yeux.

Pauvre Marguerite, elle ignorait combien est aveugle la passion !

Trompée dans son attente, elle prit enfin le sage parti de tout dévoiler à Arthur, et un jour qu'ils étaient seuls, elle lui dénonça les indignes sollicitations dont elle était l'objet.

— Fuyons, lui dit-elle, un séjour qui pourrait m'être funeste; allons retrouver la paix dans notre vieux manoir.

Arthur, frappé d'abord comme d'un coup de foudre, resta immobile et sans parole; il ne put croire une nouvelle si étrange.

Mais, enfin, persuadé par de nouvelles preuves de l'innocence de Marguerite et des manœuvres coupables dirigées contre sa vertu, il donna soudain à ses gens l'ordre du départ et disposa tout dans le plus grand secret pour quitter Paris dans la nuit même.

Mais Arthur nourrissait un traître dans sa maison. Merlin de Montrenard soudoyait la femme de chambre de Marguerite pour savoir exactement tout ce qui se passait, et cette perfide servante ne manqua point d'aller, en toute hâte, avertir son protecteur de la fuite qui se préparait secrètement pour la nuit même.

Instruit de tout, Merlin eut d'abord un frisson

de crainte ; il frémit à la pensée que sa proie allait peut-être lui échapper.

Hautement froissé des rigueurs de Marguerite, vaincu et sans espoir, il ne lui restait plus qu'à chercher dans la vengeance une consolation et un remède aux irritantes impressions qu'il en ressentait.

Pour lui, sa plus belle vengeance serait de faire succomber la comtesse.

Soit habitude de flatter, soit qu'il voulût donner le change à ses vues et à ses prétentions, Merlin n'avait rien négligé pour entretenir dans l'esprit du roi les impressions que Marguerite y avait fait naître.

Il voulait obtenir quelque chose de plus que de l'intérêt ; il voulait un véritable amour.

D'abord, il feignit de prendre devant le roi, l'intérêt le plus vif au bonheur de Marguerite.

Tout était parfait chez elle : elle avait toutes les qualités et toutes les vertus.

Il ne cessait de le répéter à tout propos et dans toutes les circonstances.

Cette conduite, en apparence des plus loyales, dont le roi ignorait le but secret, et l'influence que la comtesse exerçait sur lui, le portèrent à s'en ouvrir confidentiellement à son favori.

C'était tout ce que celui-ci attendait.

La voie lui était ouverte, il sut la suivre et en profiter, mais bien cruellement.

Quand il eut ainsi amené le roi à lui faire ses confidences à l'endroit de Marguerite, Merlin arriva bientôt à le persuader que non seulement la comtesse d'Estieugues n'était point à sa place, mais qu'elle passait avec son époux des jours tristes et malheureux.

Parlant de l'enfance de Marguerite, il dit que la jeune comtesse avait été élevée contre ses goûts, et, plus tard, forcée d'épouser Arthur malgré sa répugnance.

Elle connaissait son esprit inquiet et jaloux et aujourd'hui elle en subissait les funestes conséquences.

Obligée de peser toutes ses paroles, de calculer toutes ses démarches, la vie était pour elle un martyre continuel.

« Tant de grâces et de vertus, ajouta Merlin, devraient-elles être exposées à tant d'épreuves ?

« J'en ai été témoin mille fois. Oui, Sire, le comte, au moindre signe, s'inquiète, tremble et semble tout appréhender ; une œillade l'incommode, une lettre le chagrine !...

« Bien qu'étant son ami, la crainte que j'ai eu de donner par ma présence et mes assiduités un élément nouveau à son extrême susceptibilité, m'a déterminé à m'éloigner insensiblement de sa maison.

« J'avoue que cela a été pour moi un bien grand sacrifice ; mais, que ne ferait pas un homme de cœur pour assurer la tranquillité et le bonheur d'une âme aussi noble. »

Ce langage était des plus habiles.

Le roi savait l'amitié étroite qui liait son favori

et le comte d'Estieugues ; il n'ignorait pas non plus que Merlin de Montrenard avait autrefois habité le Beaujolais, qu'il avait fréquenté Estieugues, et pouvait, par conséquent, mieux que personne, être au courant de la vie intérieure d'Arthur et de Marguerite.

Au reste, il avait déjà observé la singulière retenue de Merlin auprès de la comtesse, qui lui semblait également l'éviter.

Passionnée par nature, notre intelligence troublée ou obscurcie par les caprices, les préjugés et les passions qui l'agitent, veut voir et comprendre quand même.

Ce fut la faute grave que François Ier commit.

Ainsi trompé par les suggestions habiles de son rusé favori et cédant aveuglément aux inspirations de son esprit et de son cœur, il tomba dans le piège qui lui était tendu.

Marguerite belle, malheureuse, esclave, martyre ! Que fallait-il de plus pour enflammer son âme chevaleresque ? La délivrer, lui assurer le bonheur, la voir heureuse, telle fut la résolution qu'il prit au sujet de la comtesse d'Estieugues.

Mais les résolutions qui naissent sans les inspirations du cœur, cèdent rarement aux conseils de la raison, dont la voix ne peut se faire entendre ; nous voulons parfois être trompés.

La justice et la vérité ne peuvent plus présider à la ligne de conduite de l'homme qui ne modère pas ses désirs ; il ne sait plus désormais obéir qu'à la voix impérieuse de ses sens.

François Ier manda donc à la hâte Arthur d'Estieugues d'avoir à se trouver en son palais à l'heure fixée par l'ordre qui lui fut remis personnellement par un de ses écuyers.

Merlin et François Ier prirent de concert la résolution d'enlever Marguerite pendant que le comte serait au château royal.

C'est ainsi qu'Arthur, tout préoccupé des raisons qui avaient pu déterminer le roi à l'appeler auprès de lui, se rendait à la cour, Marguerite, ignorant ce qui se passait, était occupée dans ses appartements à préparer ce retour si désiré, brûlant de fuir, au plus tôt, des lieux où elle sentait à chaque instant son bonheur sur le point de s'évanouir.

Mais la pauvre comtesse ne resta pas longtemps à ces douces illusions. Hélas ! qu'elle était loin de prévoir l'orage qui s'amoncelait sur sa tête.

En ce moment, une lettre à son adresse lui fut remise par un messager particulier venant de la cour.

Sa lecture fut pour son cœur une épreuve terrible.

Quand elle fut remise de la première émotion qui l'avait saisie, elle vit et mesura toute la profondeur de l'abime qui s'ouvrait devant elle.

« Le comte a été calomnié, s'écria-t-elle. »

Son cœur tout ému et palpitant de cette vive et subite impression, se révoltait contre une telle perfidie.

Mais, que faire?... Fuir? Cette résolution ne pouvait s'effectuer sans en motiver l'urgence à Arthur. Et alors, que penserait-il?

Il n'y a qu'un moment, elle avait mis toute sa prudence à lui conseiller le contraire.

Lui dire la vérité? Mais la susceptibilité lui commandait la réserve la plus sérieuse.

Et sa jalousie, venant à s'éveiller, ne pourrait-elle pas l'aveugler?

D'ailleurs, que dirait le roi d'un éloignement aussi brusque et immédiat après la réception de sa lettre? Si elle était vraiment de lui, chose qu'elle ne pouvait réellement comprendre, ne chercherait-il pas à se venger?

Un roi a tant de moyens de punir un sujet qu'il croit ou qu'il veut croire coupable.

Après mille considérations contradictoires, où sa prudence s'épuisait en vain, Marguerite finit par prendre la résolution d'écrire elle-même au roi.

« Il a été trompé, se dit-elle en elle-même; il est bon, loyal, il croira à mes paroles. »

Elle fit parvenir à François Ier la lettre suivante :

« Sire,

« Une lettre portant le sceau de Votre Majesté
« vient de m'être remise.

« Je ne puis vous dire le trouble qu'elle a jeté
« dans mon âme.

« C'est un devoir pour moi et de vous avertir
« et de défendre mon époux contre les insinuations
« mystérieuses qu'elle renferme.

« Non, Sire, le comte n'est point un tyran pour

« moi et je ne suis point condamnée à ses côtés à
« un martyre continuel.

« Vous l'avez connu, vous avez pu, mieux que
« personne, apprécier tout ce qu'il y a de bon et
« de dévoué dans son cœur généreux.

« La jalousie qu'on lui attribue serait-elle vraie,
« elle ne pourrait jamais puiser dans son cœur
« toutes les exigences et toutes les rigueurs qu'on
« lui attribue.

« S'il était possible qu'Arthur eût un jour des
« torts graves envers moi, ils ne le seraient jamais
« assez, Sire, pour me faire accepter les offres
« brillantes que vous me faites.

« Une femme se doit à son époux; son ingrati-
« tude, quand elle existe, ne saurait la délivrer du
« serment qu'elle lui a fait.

« Quand elle a été aimée et qu'elle aime, elle
« arrive toujours à triompher des erreurs ou des
« faiblesses d'un époux.

« Ce n'est pas que j'en reconnaisse dans Arthur
« contre moi. Non, Sire, mais je dois à votre
« lettre une réponse franche et loyale, je la dois à
« l'honneur de mon époux qui est aussi le mien.
« Je la dois à vous aussi, Sire, à vous dont on a
« surpris la bonne foi ou usurpé le nom pour
« jeter le trouble dans une famille qui sera toujours
« heureuse de prouver qu'elle est digne de la
« confiance et de l'estime que vous lui avez tou-
« jours montrée.

« Veuillez, Sire, me pardonner la liberté que je
« prends dans cette lettre.

« Vos bontés pour Arthur qui vous doit tout,
« vos attentions pour nous et les honneurs dont
« vous nous avez comblés depuis notre arrivée à
« Paris, la gravité des circonstances, mon bonheur
« et surtout la confiance sans bornes que j'ai en
« vous, ont seuls pu me l'inspirer.

« Marguerite d'AMANZÉ,

« Comtesse d'Estieugues. »

Marguerite sentit son cœur délivré d'un poids immense lorsqu'elle eut terminé cette lettre.

Une main qu'elle croyait sûre devait la faire parvenir à son adresse.

Confiante et bonne, elle n'aurait jamais cru à toutes les embûches qui l'entouraient.

Cependant, elle ne pouvait se dissimuler le danger qui la menaçait.

Jusque là, elle avait plutôt ri des assiduités de Merlin qu'elle ne s'en était inquiétée.

Si elle ne lui avait pas défendu sa maison, c'est que la prudence le lui commandait. Il se disait et passait pour l'ami du comte. Au reste, elle savait qu'un froid dédain est, entre les mains d'une femme, une arme bien puissante.

Elle sut trop bien s'en servir; Merlin en savourait en secret toute l'amertume et il ne lui pardonna jamais.

Mais aujourd'hui, c'était au nom du roi.

La place d'honneur qu'on lui offrait à la cour et

les calomnies lancées contre son époux, suffisaient pour aviver son inquiétude.

Quel était donc cet ennemi secret dont l'influence et l'habileté avaient ainsi égaré l'esprit du roi sur leur compte ?

Ces questions qu'elle se faisait sans cesse, préoccupaient son esprit et agitaient profondément son âme.

Malgré cela, l'antipathie naturelle qu'elle avait toujours ressentie pour Merlin, le souvenir de ses assiduités, l'affectation qu'il mettait depuis quelque temps à prouver à Arthur, dans ses courtes et rares visites, son amitié toujours vive, toujours sincère, sa faveur à la cour, les rapports continuels qu'il avait avec le roi, tout la portait à faire sur la loyauté de Merlin, de sérieuses et graves réflexions.

Marguerite s'occupait des derniers préparatifs du départ.

Tout à coup un grand bruit se fait entendre.

On frappe avec violence à la porte.

— Ce sont des soldats ! s'écrie avec force une femme effrayée.

— Ah Dieu ! que veulent-ils, s'écrie à son tour la comtesse ? Allez voir, Barnabé.

— Ouvrez, crie-t-on du dehors, ouvrez, de par le roi !

Et en même temps on se disposait à enfoncer la porte.

Barnabé se présente et demande à l'officier du roi ses ordres.

— Conduisez-moi, dit le capitaine, auprès de la comtesse d'Estieugues; et vous, soldats, cria-t-il, occupez toutes les issues et ne laissez sortir personne.

Malgré sa tristesse, malgré les préoccupations qui l'agitaient, Marguerite fit introduire l'officier et le reçut avec son affabilité ordinaire.

— Madame, lui dit le capitaine en entrant dans l'appartement de la comtesse, le roi désire vous parler, je vous prie de me suivre.

— Il ne me convient point d'aller à la cour, reprit la comtesse, sans l'assistance du comte mon mari; attendons, s'il vous plaît, son retour: il ne peut tarder de rentrer.

Alors commença une scène des plus touchantes.

— Non, madame, nous avons des ordres sévères; nous vous donnons un quart d'heure pour vos dispositions et vous voudrez bien ensuite nous suivre.

A ces mots, Marguerite est frappée comme d'un coup de foudre.

— Ah! malheureuse que je suis; je suis donc perdue, s'écria-t-elle, et mon Arthur, où est-il?

Des torrents de larmes coulent de ses yeux.

— Ah! chevalier, dit-elle, en se jetant aux pieds du capitaine, sauvez-moi!

— Je ne le puis, madame, ma tête répond de l'exécution des ordres que j'ai reçus; suivez-moi, je vous prie, l'heure est passée, il faut partir.

— Non, je ne vous suivrai pas, balbutia d'une voix presque agonisante la comtesse; est-il donc permis d'abuser de sa puissance pour perdre une innocente? Je ne suis point coupable d'aucun crime; je n'obéirai point à un ordre barbare...

— A moi, soldats! s'écrie le capitaine; qu'on la saisisse et qu'on l'emmène de force, puisqu'elle refuse d'obéir de bonne grâce.

Marguerite n'y tient plus; un cri d'horreur lui échappe, elle tombe évanouie.

Un soldat s'approche, la prend entre ses bras. On la couvre d'un manteau pour cacher au public cet enlèvement, et la troupe se rend au palais royal pour y déposer cette innocente victime d'une passion infâme.

Les gens de Marguerite accompagnèrent en pleurant leur pauvre maîtresse; ils voulaient la suivre jusqu'au palais; mais les sentinelles placées à la porte les retinrent prisonniers; chacun d'eux dévora en secret son chagrin.

Pendant que les soldats enlevaient l'infortunée comtesse, Arthur s'entretenait paisiblement avec le roi.

Quand Marguerite fut enfermée dans l'appartement qui devait lui servir de prison, Merlin de Montrenard vint annoncer au roi que tous ses ordres étaient exécutés et que sa mission avait pleinement réussi.

A cette nouvelle, François Ier jeta le masque et se tournant vers Arthur d'un air courroucé:

« Comte d'Estieugues, je connais vos desseins; vous voulez fuir ma cour. Vos projets seront réalisés. Je vous ordonne de quitter Paris aujourd'hui même. Mais vous partirez seul. J'ai arraché Marguerite à votre tyrannie, à votre jalousie odieuse; elle est dans mon palais, à l'abri de vos colères; elle y vivra plus heureuse qu'auprès de vous.

« Et maintenant, gardes, qu'on le chasse du palais. »

A ces mots, Arthur frappé en plein cœur, sent la vie l'abandonner. La pâleur couvre son visage, il veut parler et de ses lèvres crispées par la douleur ne sort aucun son.

Le roi réitère son ordre cruel.

Une réaction violente se produit alors chez le comte qui voit comme dans une vision, toute l'infamie de ceux qu'il appelait ses amis.

Le sang afflue au cerveau, son regard jette des flammes. Fou de rage, il tire son épée et se précipite sur le roi en criant :

« Tu m'as enlevé celle que j'aimais, tu mourras de ma main. »

Hélas ! colère et désespoir inutiles. Les gardes l'entourent; vingt bras le saisissent. Une épée nue, prête à le percer, est appuyée sur sa gorge.

Mais François Ier n'est pas cruel; il ne veut pas qu'on égorge le comte; il arrête ses serviteurs.

— Qu'il vive, dit-il; qu'il se retire dans ses terres, et qu'il sache que si je le sépare de Marguerite, c'est qu'il n'est pas digne d'une telle épouse. Un roi seul peut prétendre à la possession d'un semblable trésor.

— Sire, la vie m'est en horreur, s'écrie Arthur;

je ne saurais la supporter sans celle que tu m'as ravie. Tyran infâme, fais-moi massacrer sous tes yeux, égorge-moi toi-même.

Cris impuissants, fureur superflue; les gardes repoussent l'infortuné, le jettent hors du palais.

Si vous avez vu une lionne privée de ses petits, tourner, s'agiter, bondir en rugissant autour du lieu où le chasseur a caché sa proie, vous aurez une idée de la colère et de la douleur qui remplissaient le cœur d'Arthur et lui arrachaient des cris de rage.

— Ah ! malédiction, malédiction au barbare qui a violé les droits les plus sacrés de l'amitié. Damnation, damnation éternelle au monstre qui m'a ravi mon épouse. Marguerite, ô ma bien aimée, ne courbe jamais ton front devant ce roi indigne, résiste à ses infâmes désirs. Je saurai bien pénétrer jusqu'à toi; je saurai bien briser tes fers.

La fureur du comte avait atteint son paroxysme; devant ce palais muet, ces portes closes, une détente se produisit; il se rendit compte de la situation et tristement, le cœur ulcéré, les yeux mouillés de larmes, il se dirigea vers sa demeure.

Ses serviteurs l'entourèrent en pleurant et lui firent le récit des violences dont la malheureuse comtesse avait été l'objet.

Le récit de ce brutal enlèvement éveilla de nouveau la colère du comte.

Des pleurs de rage coulent de ses yeux, des cris mêlés d'imprécations sortent de sa bouche, puis, tout à coup, morne, silencieux, il se promène à grands pas dans ses salons.

Il songe à l'ordre formel du roi; il faut quitter Paris sur le champ, sans sa Marguerite, sans son épouse adorée.

Barnabé, le vieil et fidèle intendant de la maison s'approche; il veut adresser à son maître quelques paroles de sympathie.

— Comte, mon cher maître, écoutez votre vieux serviteur, voici ce que le Seigneur lui a inspiré de vous dire : « Puisque le roi veut que nous quittions Paris, obéissons sans hésiter. Emportons tout ce qui nous appartient ici pour qu'on ne puisse nous supposer des espérances de retour. Et quand nous serons réunis à Estieugues, aussitôt le moment favorable venu, nous reviendrons à Paris déguisés en troubadours et il nous sera facile de pénétrer dans le palais du roi et de revoir la comtesse, votre épouse.

— Barnabé, ton projet est téméraire, je l'accepte néanmoins avec joie. Fais tout préparer pour son exécution, je m'abandonne à ton dévouement.

A peine les derniers ordres du comte étaient-ils donnés pour le départ, qu'un serviteur vint annoncer la visite de Merlin de Montrenard.

Pour lui, Montrenard était toujours un ami qui avait sa confiance.

Il le reçut aussitôt.

C'est d'un air désolé que Merlin de Montrenard s'approche du comte :

— Malheureux ami, s'écrie-t-il, en lui donnant

un baiser — baiser de Judas — votre douleur m'accable et je viens encore l'augmenter par des révélations qu'il me coûte horriblement de faire.

« Mais je dois obéir à mon devoir, aussi pénible qu'il soit.

« Comte, vous êtes trahi, et trahi par cette épouse que vous aimez, que vous adorez comme une sainte, elle, indigne et criminelle.

« C'est elle qui a prévenu le roi de votre départ, elle qui a organisé cette scène de l'enlèvement pour sauver les apparences.

« Le roi ne voit, ne veut entendre qu'elle, et si vous ne fuyez Paris sur l'heure je ne réponds plus de votre vie, on veut se débarrasser de vous par un assassinat. »

Cette confidence qu'il croit sincère, jette le comte dans un état de fureur indescriptible, puis le désespoir s'empare de son âme, il saisit son épée et veut mourir.

S'il ne peut plus aimer Marguerite, si Marguerite lui est infidèle, il ne lui reste plus qu'à se débarrasser d'une existence désormais sans but.

Quel indigne rouerie ! Ah ! la perfide ! Dire au roi de l'enlever de force pour cacher son crime et se rendre intéressante !

Va, malheureuse, tu n'emportes que mon indignation et mon mépris, je t'abandonne; jouis à ton aise de ta perversité profonde.

Pour moi, je quitte à tout jamais un palais qui ne me rappelle que le crime et le déshonneur.

Merlin l'accompagne. Il craint que des conseils

salutaires ne viennent déjouer son lâche complot et sauver l'innocence.

Arthur donne des ordres, il se hâte de partir et de quitter un séjour qui lui a été si funeste.

A cet ordre exprimé d'une voix troublée par la douleur, Barnabé et Roselinde, effrayés d'une aussi prompte résolution, voulurent faire quelques observations ; mais un seul mot du comte leur fit nettement comprendre qu'il n'y avait qu'à obéir.

Barnabé ne répondit que par des larmes ; quant à Roselinde, elle ne put se contenir. Vive et d'un grand cœur, elle protesta avec l'énergie qu'inspire un dévouement à toute épreuve contre une telle détermination.

S'éloigner était plus que soupçonner sa maîtresse ; à ses yeux, c'était de la part du comte de l'injustice, de l'infamie. Mais ses larmes et ses cris la firent traiter assez durement par le comte qui se montra à son égard plein d'ingratitude.

Roselinde se refusa formellement à suivre son maître.

Parvenue à se soustraire à la surveillance dont Merlin l'entourait, elle se rendit chez le comte Hervé, ancien ami d'Arthur, où elle devait trouver un refuge et un soutien, car il était sincère et dévoué.

Merlin ne quitta point Arthur qu'il ne fût parti.

Au moment de se séparer, ils versèrent l'un et l'autre d'abondantes larmes.

Touché des nombreuses marques d'intérêt et

d'affection que lui témoignait Merlin, Arthur lui dit :

« C'est dans l'adversité qu'on reconnaît les vrais amis. J'avais besoin, dans mon malheur, de tout le courage et de toute l'énergie que votre généreuse amitié m'inspire.

« Votre souvenir me soutiendra dans ma retraite. Je n'ai plus qu'un regret, celui de vous quitter. »

Arthur et ses gens reprirent tristement le chemin d'Estieugues. Marguerite manquait.

Hélas ! que le retour à Estieugues différa de l'arrivée à Paris ; la joie et le triomphe étaient transformés en deuil.

Arthur en arrivant à Estieugues, s'enferma dans ses appartements et ne voulut recevoir personne.

L'arrivée du comte ne fut point annoncée aux vassaux par les feux ordinaires placés au sommet de la plus haute tour, et le fanion seigneurial ne fut point hissé sur le donjon ; tout resta dans la tristesse.

Arthur n'avait pour tout espoir et tout bonheur que le doux plaisir d'embrasser son jeune enfant qui ne pouvait encore répondre distinctement aux bonnes paroles et aux caresses de son père.

Ce fut donc près de son fils qu'Arthur s'efforça d'oublier celle qui lui avait juré sa fidélité et qu'il croyait coupable.

XI

Marguerite enfermée au palais royal

Conduite au palais du roi et portée dans la chambre qui devait lui servir de prison, Marguerite était restée plongée dans un évanouissement profond.

Entourée de seigneurs et d'officiers de la cour, elle recevait tous les soins qu'on peut prodiguer à une personne dans son état; mais la violence qu'on lui avait faite avait trop vivement impressionné son âme.

Pendant plusieurs heures, sa vie fut en danger; par intervalle la comtesse ouvrait les yeux pour les refermer aussitôt, sa bouche ne s'ouvrait que pour exhaler des soupirs.

Quelques mots mal articulés s'échappaient de ses lèvres: on distinguait le nom d'Arthur, qu'elle semblait appeler à son secours.

Ses mains s'agitaient comme pour repousser la violence qu'on lui faisait subir.

Enfin, les secours de l'art parviennent à triompher de cette dangereuse syncope, Marguerite revient à elle, elle ouvre les yeux et se dresse sur son séant.

Mais, à la vue des personnes qui l'entourent et du lieu qu'elle habite, elle retombe; ses cris déchirants arrachent des larmes à ses ennemis mêmes.

« Oh ! Arthur, où es-tu ? Pourquoi m'abandonner sans défense ? Mais hélas ! tu as peut-être péri, victime innocente, sacrifiée à une infâme passion, et ta malheureuse épouse est tombée au pouvoir de tes plus cruels ennemis.

« Je saurai me défendre et conserver ce que l'on veut me ravir.

« Oui, Arthur, je te serai toujours fidèle. »

En prononçant ces dernières paroles, les sanglots étouffaient sa voix.

Les médecins, alarmés de la prolongation d'une crise qui pouvait amener de fâcheux résultats, firent évacuer la chambre; on ne retint que les personnes absolument nécessaires; on chercha pour la servir quelqu'un qui pût lui plaire.

La Providence qui veillait sur les jours de Marguerite, lui envoya la plus dévouée des femmes en la personne de Roselinde.

La fidèle Roselinde, cette ancienne nourrice de Marguerite, n'était point repartie pour Estieugues; elle avait suivi les soldats qui avaient enlevé sa maîtresse; et elle guettait à la porte du palais l'occasion favorable pour revoir Marguerite; un officier de la maison royale l'ayant reconnu la fit introduire.

Roselinde se précipita vers la comtesse et la

serra étroitement dans ses bras en l'embrassant.

Marguerite la reconnut et lui dit :

« Arthur, où est-il ? Ah ! fidèle amie de mon enfance, tu ne m'as donc pas abandonnée ? C'est Dieu qui t'envoie pour soulager ma douleur. »

La vue de Roselinde remplit de calme et d'espérance le cœur de Marguerite.

Elle pleura, mais ses larmes tombaient comme la rosée du matin.

Une douce résignation se peignit sur sa figure.

On se retira pour lui laisser enfin quelque repos.

Seule avec Roselinde, Marguerite s'empressa de la questionner sur le comte son mari.

Mais Roselinde qui avait suivi sa maîtresse, n'avait rien vu de ce qui s'était passé et ne put que vaguement répondre.

Marguerite, à genoux aux pieds de Roselinde, prononça ces paroles :

« Seigneur, mes parents m'apprirent, jeune encore, à espérer en vous et à vous nommer mon père ; ma confiance n'a point été trompée et, dans ce jour encore, au milieu de mes peines, une amie fidèle m'a été envoyée pour les adoucir. Que votre nom soit béni ! »

Cette prière partait du cœur.

Marguerite devint plus calme et plus résolue ; elle attendit avec résignation les épreuves qu'elle avait à subir.

François Ier, vivement ému du danger qu'avait couru la comtesse d'Estieugues, s'empressa de lui rendre visite.

Il espérait la gagner par cette marque d'intérêt ;
mais il avait affaire à un grand cœur, pour qui le
devoir est tout et la vie peu de chose.

A la vue du roi, Marguerite recula de surprise
et d'émotion et cacha dans ses mains son visage
mouillé de pleurs.

— Madame, lui dit le roi, pourquoi vous affliger
ainsi. Que vous manque-t-il dans mon palais ? Ne
serez-vous pas mille fois plus heureuse à la cour
qu'auprès d'un homme qui vous soumet au plus
dur esclavage ? Je le sais, le comte Arthur était
votre tyran et sa basse et cruelle jalousie empoi-
sonnait tous les instants de votre triste existence ;
je vous ai délivrée des mains d'un oppresseur, je
ferai votre félicité. Que voulez-vous de plus ?

— Sire, reprend Marguerite, avec la noble assurance que donne la vertu, je ne connais que mes
devoirs, et toujours je serai fidèle aux liens sacrés
qui m'unissent à Arthur. Je n'ai point à m'en
plaindre ; mais fût-il coupable, je saurai respecter
mon honneur.

François Iᵉʳ fut d'abord interdit par ce ferme
langage auquel il n'était point habitué ; mais
revenant bientôt à sa première pensée, il dit à la
comtesse :

— Votre réponse n'a rien qui me surprenne.
Victime des fureurs d'Arthur, vous êtes sous
l'empire de la crainte. Séchez vos larmes ; vous
n'aurez plus à redouter la jalousie du comte.

— Mais quoi donc ? s'écria Marguerite. Sire,
auriez-vous été assez cruel pour faire périr Arthur ?

Ah ! malheureux époux, tu as donc succombé sous le fer de tes ennemis et le souverain t'aurait-il sacrifié à son injuste passion ? Marguerite te sera toujours fidèle et les meurtriers de son époux n'obtiendront d'elle que du mépris.

François Ier se hâta de détromper la comtesse.

— Non, lui dit-il, Arthur n'est point mort ; je lui ai intimé l'ordre de rentrer à Estieugues. Son retour dans la capitale lui coûterait la vie ; jamais il ne pourra vous faire subir sa cruelle tyrannie. Vous vivrez heureuse et tranquille à l'ombre de ma puissance.

— Puis-je donc être heureuse par l'oubli de mes devoirs : jamais la crainte des hommes ne me fera trahir ma conscience. Arthur est vivant, c'est tout ce que je désire. Si vous voulez abuser de votre puissance, faites-moi mourir ; mais n'espérez rien de moi. Dieu est mon juge. Jamais la comtesse d'Estieugues ne sera traîtresse à ses serments.

— Nous verrons, madame, si vous soutiendrez toujours ce langage audacieux ; j'ai usé jusqu'à ce jour de bonté à votre égard et vous en abusez : j'emploierai la rigueur ; elle sera sans doute plus efficace pour vaincre votre obstination.

François Ier sortit et laissa Marguerite en proie aux plus amères réflexions et aux plus sinistres pressentiments.

Le jour finissait ; le soleil disparaissait ; la nuit avançait à grands pas ; tout présageait enfin un de ces terribles orages qui viennent parfois nous épouvanter.

Le tonnerre grondait dans le lointain; un vent violent soufflait avec fureur et faisait trembler les monuments les plus solides.

De rapides éclairs sillonnaient le firmament et dissipaient par intervalle cette obscurité qui, l'instant d'après, devenait plus profonde encore.

Le roi qui tenait à conserver sa prisonnière, craignit que cette affreuse tempête ne lui inspirât une terreur capable de la jeter dans son premier état et de nuire à ses jours; il enjoignit à son favori Merlin de Montrenard de se rendre auprès de la comtesse.

Le scélérat reçut cet ordre avec plaisir; il haïssait Marguerite et il était bien aise de pouvoir se venger et de jouir en liberté des terreurs de la comtesse.

Le crime, malgré lui, redoute la vertu; il n'ose paraître devant elle pour en soutenir les regards et les reproches.

Merlin, pour savourer plus à l'aise le plaisir de la vengeance et éviter des reproches qu'il redoute, se revêt de ses armes, abaisse la visière de son casque, entre sans dire mot et vient s'asseoir auprès de la comtesse.

L'orage était alors dans toute sa fureur; des éclairs non interrompus sillonnaient les airs. Ils venaient se refléter sur les armes brillantes de l'inconnu et remplissaient de terreur le cœur de Marguerite. Le fracas du tonnerre et de la grêle, les cris de détresse, tout contribuait à faire de cette nuit, une scène d'horreur.

7

Marguerite, justement effrayée, croyait voir devant elle le bourreau qui devait l'immoler si la tempête épargnait ses jours. Elle attendait avec résignation l'instant fatal qui devait terminer sa vie.

Silencieux et morne, l'inconnu semblait jouir de son embarras.

O cruel moment ! ce n'était qu'une épreuve ; l'orage cessa. Merlin se retira et Marguerite resta seule.

A peine le jour eut-il paru, que la comtesse se précipita vers la fenêtre et put se rendre compte des ravages de la tempête.

Les beaux arbres qui bordaient les allées du parc étaient abattus ou mutilés ; les arbrisseaux des parterres étaient brisés ou perdus ; les fleurs avaient disparu, le gazon avait été ravagé et entraîné par les eaux. Tout portait les traces d'une tempête affreuse. Quel rapport de la nature au cœur de Marguerite ! Elle aussi avait été brisée par la tempête et ce singulier rapprochement fournit à son âme d'utiles réflexions.

— Oui, se disait-elle, Dieu montre sa puissance ; il fait sentir à l'homme sa faiblesse. Il brise, il répare, il élève, il abat ; tout lui obéit dans la nature ; l'orage qui m'a terrassée ne cessera-t-il pas bientôt et ne me sera-t-il pas donné, comme à la nature, de réparer en paix les ravages de la tempête ?

Marguerite fut tirée de cette douce rêverie par le retour de Roselinde.

La journée se passa heureusement. Marguerite, après avoir causé quelques instants avec sa fidèle servante, alla prendre un peu de repos ; elle en avait si grand besoin.

Depuis deux jours, son cœur avait éprouvé les émotions les plus vives, et cette dernière nuit venait d'y mettre le comble. Dans son sommeil même, la comtesse ne perdait pas de vue les objets qui l'occupaient sans cesse. Souvent les noms d'Arthur et de son fils s'échappaient de ses lèvres et trahissaient ses intimes pensées.

La nuit arrivée, le ciel était pur et serein ; la lune répandait sa lumière argentée ; le calme le plus profond régnait dans la nature. On n'entendait, par intervalle, que le chant des coqs et les cris des sentinelles de garde au palais.

Marguerite, assise auprès de la fenêtre, contemplait avec admiration ce spectacle imposant. Ces beautés calmes de la nature l'invitaient à de douces réflexions. Sa pensée et ses regards se tournaient vers Estieugues pour revoir Arthur et son enfant. Mais des barreaux de fer garnissent la fenêtre. Marguerite comprend qu'elle est prisonnière. Dès lors, ses regards s'abaissent tristement vers la terre ; elle mesure des yeux la distance qui la sépare du sol et elle est fort surprise de reconnaître que sa chambre occupe le rez-de-chaussée, sur les derrières du palais.

A cette vue, son cœur tressaille ; elle conçoit l'espérance de s'évader et appelle Roselinde.

— Te dirai-je, ma chère nourrice, la pensée qui

m'occupe? Vois ces murs. Ne pourrait-on pas les escalader, et ces barreaux de fer, ne pourrait-on pas les faire sauter? Va, Roselinde, va trouver le chevalier, le vieil ami de mon père; peins-lui ma position; découvre-lui mes projets et demande-lui les moyens de les exécuter.

— Mais, madame, vous le savez, on épie mes démarches, et si l'on vient à découvrir quelque chose, je suis perdue et vous aussi. Cherchons plutôt un expédient qui offre moins de danger.

— Eh quoi! Roselinde, tu m'abandonnes? Crois-tu donc que la Providence ne t'assistera pas? Va sans crainte et tu verras que tout danger sera écarté.

Persuadée par cet air d'assurance que donnait à la comtesse la vivacité de sa foi, Roselinde partit avec cette confiance qui assure le succès.

Elle revint bientôt; tout avait réussi. Elle rapportait ce qui était nécessaire, mais il fallait attendre la nuit pour ne pas éveiller les soupçons.

Le soleil n'avait pas encore atteint le milieu de sa course; il semblait ralentir sa marche au gré de Marguerite. Elle comptait les heures et jamais jour ne lui parut plus long depuis le premier instant de sa captivité. Elle allait, venait dans sa chambre et, des yeux, cherchait le barreau de la fenêtre qui serait le plus facile à couper.

On est bien impatient quand on désire vivement une chose; mais aussi la force de ce désir est-il la mesure des moyens qu'on emploie pour réussir.

Enfin, elle arriva cette nuit si désirée; le calme

se rétablit partout. Marguerite et Roselinde se jettent à genoux, invoquant avec confiance le secours de Dieu ; et pouvait-il le refuser pour une pareille cause? Elles se relèvent pleines d'ardeur et de courage.

Elles se mettent aussitôt à l'œuvre.

Pendant que l'une se tenait près de la porte, écoutant le moindre bruit, l'autre, armée d'une lime, attaquait le barreau de la fenêtre.

Le travail était pénible pour les mains délicates des prisonnières ; mais Marguerite était infatigable.

La pensée de revoir bientôt son époux, son fils, soutenait, exaltait ses forces.

Ne se reposant un peu que la journée, Marguerite et Roselinde, après trois nuits de travail, avaient réussi à couper l'épais barreau de fer.

La fuite fut décidée pour la nuit suivante.

Marguerite dit à sa compagne de captivité :

« L'heure si désirée de l'évasion est proche ; mais comment fuir seule, sans guide, de ce palais ?

« Ne vais-je pas courir les risques de retomber entre les mains de mes geôliers ?

« Retourne, ma chère Roselinde, chez l'ami de mon père. Expose-lui la situation, et dis-lui de tenir prêts pour cette nuit, deux chevaux vigoureux et un écuyer d'un fidélité éprouvée.

« Entre onze heures et minuit, qu'il vienne m'attendre sous les fenêtres de cet appartement. »

Roselinde, qu'on laissait libre de sortir du palais, réussit à gagner la demeure du chevalier Hervé, sans exciter les soupçons des gardes, et fit part du message de la comtesse.

Elle revint au palais et put bientôt annoncer à Marguerite que le chevalier avait juré de faire tout ce qu'on lui demandait.

Le chevalier Hervé devait se trouver lui-même à minuit au pied de la croisée, donner le signal convenu et recevoir dans ses bras la comtesse pour la conduire au rendez-vous désigné comme point de départ.

Marguerite, au comble de la joie, ne se lassait pas de bénir la Providence ; son esprit la portait à Estieugues ; elle revoyait Arthur et son fils ; rien ne manquait à son bonheur.

François Ier, depuis sa première entrevue avec Marguerite, avait employé divers moyens pour amener la comtesse à ce qu'il désirait d'elle.

Mais, toujours fidèle à son devoir, Marguerite avait repoussé toutes les attaques dirigées contre sa vertu.

Irrité d'une fermeté qu'il appelait audacieuse, François Ier voulut tenter un dernier effort ; il se rendit avec son favori Merlin auprès de sa prisonnière. Il traita d'abord Marguerite avec bonté ; mais la trouvant toujours inébranlable, il s'abandonna à toute la fureur de quelqu'un qui se croit outragé.

— C'est donc ainsi, Madame, que vous abusez de mes bontés ? Votre audace sera punie, et, dès ce jour, vous apprendrez que ce n'est point en vain qu'on résiste aux volontés du roi.

Puis, se tournant vers Merlin :

— Dès aujourd'hui, vous ferez conduire Madame dans le cachot de la tour ; on l'y nourrira au pain et à l'eau ; défense absolue de la laisser communiquer avec personne du dehors ; surtout, éloignez d'elle cette ancienne domestique qui contribue à l'entretenir dans cette insolente obstination. Je vous rends responsable de ces ordres, et j'entends être obéi sans restriction.

La comtesse, atterrée d'une rigueur qui renversait tous ses plans et lui ôtait tout espoir, se jeta aux pieds du roi ; elle lui demanda du temps, elle prétexta l'altération de sa santé. Tout fut inutile, François Ier lança sur elle un regard furieux et sortit aussitôt.

Merlin s'empressa d'exécuter les ordres royaux et Marguerite resta tristement assise, seule et sans consolation, car on lui avait enlevé sa fidèle Roselinde.

Elle s'abandonna à sa profonde douleur, attendant à chaque minute qu'on vienne la saisir pour l'enfermer dans le cachot qui lui servira sans doute de tombeau.

« O Dieu ! s'écria-t-elle, m'avez-vous donc abandonnée et ma confiance en votre bonté sera-t-elle donc vaine ? »

Mais non, la Providence veillait sur elle et lui ménageait une ressource inattendue. Ce terrible orage, qui avait tant effrayé Marguerite, avait rempli d'eau le cachot qui lui était destiné et malgré tous ses efforts, Merlin n'avait pu parvenir à faire préparer avant la nuit la cellule de la comtesse.

Il en rendit compte au roi et il fut décidé que le lendemain, dès le matin, Marguerite serait enfermée dans sa nouvelle demeure.

Dieu avait permis ce délai pour sauver la comtesse et déjouer les complots de ses ennemis.

XII

L'Evasion

Marguerite avait passé la journée la plus cruelle. Sans cesse ballotée entre la crainte et l'espérance, elle n'avait plus pour ainsi dire aucun courage.

Enfin, la nuit arriva; il s'agissait pour elle, en effet, de tout risquer pour tout sauver; car, une fois dans son cachot, elle se regardait perdue pour toujours.

Le bruit cesse bientôt avec le signal du couvre-feu; onze heures sonnent à l'horloge du palais. Marguerite s'approche de la croisée; tout est calme et tranquille.

Elle saisit le barreau qu'elle avait si péniblement coupé; le barreau s'échappa de ses mains et alla rouler avec fracas au pied du mur.

Le silence de la nuit sembla rendre le son plus aigu.

Marguerite tremble; elle s'imagine voir accourir les gardes du palais.

Ses craintes s'évanouissent bientôt, le calme est

rétabli ; la comtesse prépare tout ce qui est nécessaire pour son évasion.

Elle a noué ensemble les draps de son lit pour
s'en servir comme d'une corde et arriver sans
malheur au pied du mur ; les draps sont fixés par
une extrémité à l'un des barreaux de la fenêtre ;
Marguerite attend en silence le signal convenu.

Minuit venait de sonner.

Un bruit se fait entendre ; on distingue le pas
d'une personne qui s'avance :

« Qui est-ce ? se demanda Marguerite. Serait-ce
le chevalier ou un ennemi ? »

La comtesse, dans le doute, se blottit dans un
coin et invoqua les secours d'en haut.

« O Dieu ! dit-elle, vous connaissez tout ; vous
savez que le désir de sauver mon honneur et de
me conserver sans tache devant vous me pousse
à une action au-dessus de mes forces ; votre bonté
m'a protégée jusqu'à ce jour ; daignez m'assister
encore et me délivrer. »

Sa supplique fut exaucée. Elle entend le signal,
elle s'élance vers la fenêtre, se glisse entre les
barreaux et se laisse doucement tomber dans les
bras du chevalier Hervé.

Ils se mettent aussitôt en route, suivent les
détours du palais et marchent en silence. Tout
semblait favoriser cette évasion ; la nuit était
obscure, le palais semblait plongé dans un profond sommeil. Ils approchaient de l'issue du palais,
ils se croyaient déjà hors de danger et prenaient
moins de précautions.

Tout à coup, une voix formidable se fit entendre :
« Halte-là ! crie-t-on. Qui êtes-vous ? »

Marguerite se croit perdue : on va la saisir pour la conduire au cachot.

Hervé s'avance seul vers la sentinelle, et reconnaît Romulfe, un vieil ami d'enfance ; il est de faction à la porte du palais et la Providence semble l'avoir placé là pour assurer la délivrance de Marguerite.

Hervé lui raconte son aventure, lui présente la comtesse, et Romulfe jure sur la foi d'un preux chevalier de ne jamais trahir le secret.

Olivier, le vieil écuyer et fidèle compagnon d'armes d'Hervé, attendait non loin de là avec deux bons chevaux.

Marguerite salue affectueusement le chevalier comme son libérateur ; elle monte à cheval et suit Olivier.

Paris est traversé sans malheur ; la route fuyait sous les pas des chevaux, et les premiers rayons du soleil trouvaient les fugitifs déjà loin de Paris.

Pendant que Marguerite jouissait avec bonheur des premiers moments de liberté, Merlin de Montrenard, suivi de plusieurs gardes, se rendait dans la chambre de la comtesse pour s'en saisir et la jeter dans un noir cachot. Il entr'ouvre les rideaux du lit, la prisonnière n'y est plus. Il cherche partout ; Marguerite a disparu ; il s'avance vers la fenêtre et ne peut plus douter de l'évasion de la comtesse.

Il court faire son rapport au roi. François Ier ne

veut le croire, il le traite de visionnaire. Merlin
écume de rage, ses yeux étincellent de fureur, il
se livre aux plus affreuses imprécations pour
attester de la véracité de ce qu'il dit.

Le roi descend avec les seigneurs qui l'environ-
nent, dans la chambre qu'occupait la comtesse.

« Est-ce donc ainsi, dit-il, qu'on exécute mes
ordres ? Ne vous avais-je pas enjoint de vèiller
sur ma prisonnière ? Et vous, chevalier de ronde,
vous avez manqué à votre devoir... Mais je le vois,
je nourris des traîtres parmi les seigneurs de ma
cour ; je saurai les connaître et en tirer un châ-
timent exemplaire. »

Tout le monde gardait un morne silence ; Merlin
le rompit :

« Sire, lui dit-il, ne cherchez point des traîtres
parmi nous ; nous vous sommes dévoués. La comtesse a trompé toutes nos prévisions ; jamais on
n'aurait cru qu'une femme aussi délicate fût capable
d'une telle entreprise ; mais donnez-moi douze
archers : je cours à sa poursuite et je vous jure,
foi de chevalier, de la ramener morte ou vive. »

François Ier agréa cette proposition : « Pars,
dit-il à Merlin, et sois certain que je saurai reconnaître le service que tu vas rendre à ton souverain. »

Marguerite et Olivier ne perdaient point de
temps ; ils pressaient leurs chevaux et ne s'arrê-
taient que pour prendre un peu de nourriture.

Merlin et ses archers faisaient aussi diligence
et sans doute ils auraient atteint la comtesse, si

le fidèle Olivier n'avait usé d'artifice. Une longue expérience de soixante ans lui avait fait présumer qu'ils seraient poursuivis, et lorsqu'il pensa, d'après ses calculs, que les gens du roi ne devaient pas être éloignés, il se détourna de la route ordinaire pour demander asile à un vieux gentilhomme de sa connaissance.

C'était aux environs de Nevers et le troisième jour depuis le départ de Paris.

Reçue avec empressement, Marguerite put enfin prendre quelque repos et goûter en paix le bonheur de la liberté acquise par tant de peines.

A peine commençait-elle à jouir de ce plaisir, qu'une nouvelle alarme vint encore la plonger dans une grande inquiétude.

Un pâtre qui gardait aux environs les troupeaux du château, accourut en toute hâte et s'écria du plus loin qu'il put se faire entendre : « Voici l'ennemi qui arrive, nous sommes perdus ; j'ai vu briller les armes à travers un nuage de poussière ; ils sont plus de trois cents. »

Cette nouvelle répand l'alarme partout ; on se demande quel est cet ennemi.

Olivier et Marguerite ne doutent point que ce ne soient les gens du roi qui les poursuivent.

On prend les armes, on lève le pont, on abaisse la barre et chacun se dispose à faire bonne contenance.

Marguerite et les autres femmes du château se réfugient dans la chapelle où elles récitent des prières.

Olivier et Noël, le vieux gentilhomme qui l'a reçu, montent à la tour ; ils aperçoivent, en effet, l'ennemi que le pâtre a annoncé ; mais au lieu de trois cents hommes on ne compte que douze archers et un chef qui les commande.

Bientôt le peu de distance permet de reconnaître les armes de France sur les habits des cavaliers ; mais quel est leur chef ? C'est ce qui fait l'objet de bien des conjectures de la part des deux observateurs.

— Que viennent faire ici les gens du roi ? dit Noël à Olivier. Prétendent-ils m'arrêter où pensent-ils que je recèle dans mon château des ennemis de mon prince ?

— Oui, répondit l'écuyer. Sans le savoir, en donnant l'hospitalité à la comtesse d'Estieugues, vous avez attiré sur vous cet orage.

Et il lui raconta en quelques mots l'histoire de Marguerite.

Noël, vivement ému par le récit d'Olivier, aurait plutôt tout sacrifié que de forfaire aux lois de l'honneur et de trahir cette infortunée fugitive, et dans son enthousiasme, il s'apprêtait à descendre pour commander une vigoureuse résistance, lorsque Olivier l'arrête et lui dit :

— Je vous sais gré pour la comtesse du zèle que vous mettez à la défendre. Mais une pareille entreprise pourrait nous être funeste : votre résistance en faisant croire que vous n'êtes point étranger à la fuite de Marguerite, pourrait compromettre sa sûreté ; il vaut mieux user de ruse.

« Je roule un projet dans ma tête : il est hardi, sans doute ; mais il réussira ; laissez-moi faire. »

Noël et Olivier descendirent dans la cour, firent quitter les armes à la garnison, et abaisser le pont-levis.

Marguerite fut placée dans un lieu sûr et impénétrable du château ; Olivier sortit avec un page par une porte dérobée, et Noël alla recevoir à la porte les archers qui arrivaient.

Merlin de Montrenard, leur chef, demande l'hospitalité au nom du roi.

— Bien volontiers, répondit le gentilhomme, et aussitôt toute la troupe vient se ranger en bataille dans la cour du château pour y prendre un repas préparé à la hâte.

Les convives ne tardèrent point à se livrer à mille réflexions sur la personne qu'ils poursuivaient. Merlin, lui-même, raconta les aventures de Marguerite ; les uns plaisantent sur son évasion, les autres se plaignent de la peine qu'elle leur donne pour l'atteindre ; mais aucun ne soupçonne que la prisonnière qu'ils poursuivent se trouve sous le toit qui les abrite.

Tout à coup on annonce l'arrivée au château de deux cavaliers inconnus ; ils sont couverts de sueur et semblent exténués de fatigue.

Le chevalier inconnu était Olivier, lequel ne se pressait point de répondre. Néanmoins il balbutia quelques mots.

Merlin, confirmé de plus en plus dans ses soupçons, tempête et menace ; il veut exiger une réponse précise ; il appelle ses archers, fait entourer les deux cavaliers inconnus et leur intime l'ordre de répondre.

— Seigneur chevalier, s'écrie Olivier en s'adressant à Noël, ne permettez pas qu'on nous massacre dans votre château et ne laissez point violer sous vos yeux les lois sacrées de l'hospitalité.

— Jamais, chevalier, répond Noël avec un coup d'œil significatif, jamais je n'ai forfait à l'honneur ; mais puis-je vous protéger dans votre audacieuse obstination contre les gens du roi ? Répondez aux questions du seigneur Merlin et je réponds de votre vie et de votre liberté.

— Oui, je lui promets la vie sauve, aussi, s'écria Merlin, s'il est fidèle et sincère.

— Je suis un pauvre écuyer que son maître a envoyé à la découverte ; je suis perdu si je trahis le message qui m'est confié ; je suis mort si je ne réponds pas. »

On promit alors à Olivier une riche récompense ; on lui fit espérer une meilleure place. C'est alors qu'il déclara qu'il était au service du baron de Vincimir, à Auxerre en Bourgogne ; que, depuis un jour seulement, il était arrivé au château de son maître une jeune dame venant de Paris, et qu'on l'avait envoyé avec ce page qui l'accompagnait pour découvrir si des gens du roi n'avaient point passé dans le pays et qu'il se rendait à Nevers, sur l'autre route de Paris, pour s'assurer du fait, mais que pressés par le besoin et la fatigue, ils avaient demandé l'hospitalité dans ce château.

Merlin ne douta plus que cette dame venue de Paris ne fût la comtesse d'Estieugues, et pour mieux s'assurer du fait, il donne aussitôt ses ordres ; les archers remontent à cheval ; Merlin et ses hommes reprennent la route d'Auxerre.

Marguerite, ainsi délivrée de ses ennemis, remercie mille fois le généreux Noël de l'accueil qu'elle avait reçu, monte à cheval et s'enfuit au galop, précédée du fidèle écuyer.

Ils marchèrent encore trois jours avant d'arriver sur les hauteurs qui séparent le Bourbonnais du Forez ; ce ne fut que le lendemain au soir qu'ils arrivèrent en vue d'Estieugues.

Quand Marguerite découvrit ce vieux manoir qui avait été si longtemps le témoin de son bonheur, elle ne put contenir ses transports ; elle aurait voulu voler pour arriver plus rapidement et revoir Arthur et son jeune enfant.

Mais l'infortunée avait encore de cruelles épreuves à subir et cet excès de joie devait bientôt se changer en excès de malheur.

Arthur, tristement assis près d'un vaste foyer, tenait son fils assis sur ses genoux. Absorbé dans une profonde mélancolie, il pensait à Marguerite et déplorait, dans son esprit, le malheur d'aimer encore une épouse qui l'avait trahi ; des larmes amères coulaient de ses yeux.

Le jeune fils d'Arthur passait ses petites mains autour du cou de son père ; il semblait vouloir le consoler par ses caresses. Mais Arthur était inconsolable ; les caresses de son fils ne faisaient qu'augmenter sa douleur en lui rappelant trop vivement le souvenir de Marguerite.

Tout à coup, le nain qui veille sur la tourelle sonne du cor ; le pas des chevaux retentit sur le pont-levis.

Arthur se lève effrayé, il fait quelques pas. Déjà Marguerite s'est élancée vers lui. Saisi d'abord d'étonnement, il reste stupéfait. Mais bientôt revenu à lui, il ne répond aux démonstrations de Marguerite que par une morne froideur.

— Eh quoi, Arthur, ne me reconnaissez-vous donc pas ? Et n'aurais-je affronté tant de périls que pour être méconnue de vous ?

— Madame, lui répondit-il, je n'ignore rien de votre conduite et vos intrigues avec François Ier ne me sont point inconnues ; je vous trouve bien hardie de vous présenter devant moi.

— Mais Arthur, pouvez-vous donc ainsi traiter Marguerite ? Ah ! si vous doutez de ma fidélité, interrogez plutôt les témoins de ce qui s'est passé, demandez au fidèle Olivier qui m'a servi de guide : il connaît mes malheurs et mes combats ; qu'il parle et vous verrez que Marguerite est toujours digne de vous.

Arthur ne put se contenir plus longtemps ; vivement touché de l'air franc et naïf de la comtesse et la présence d'Olivier donnant un nouveau poids aux déclarations de son épouse, il se précipita à son tour dans ses bras, l'embrassa tendrement et lui demanda pardon de ses soupçons injurieux.

Marguerite connut enfin un moment de bonheur,

elle s'assit aux côtés d'Arthur et le pria de lui
raconter ses aventures depuis leur séparation
jusqu'à ce jour.

Arthur se prêta volontiers aux désirs de son
épouse et commença ainsi :

— A mon retour du palais, je ne te trouvai plus
à notre logis ; mes gens m'apprirent ton enlèvement et je sortais pour aller te délivrer, lorsque
Merlin vint me voir. Il me donna à entendre que
tu n'étais pas étrangère à cet enlèvement et que
c'était un moyen concerté avec François Ier pour
te débarrasser de moi. Trop crédule, je l'avoue, je
me laissai persuader que Marguerite m'était infidèle, je me livrai alors à un sombre désespoir, et
si le souvenir de notre enfant ne se fût présenté à
ma pensée, sans doute j'aurais terminé mes jours
d'une manière violente.

« Je décidai de quitter Paris pour toujours et de
me fixer à Estieugues ; j'y arrivai heureusement ;
mais quel triste séjour, loin de toi, Marguerite !

« Hélas ! j'allais souvent me promener sur les
bords solitaires de la Trambouze. La nuit m'a
surpris bien des fois dans ces lieux si pleins de
souvenirs pour moi. Tous les arbres, tous les
bancs me rappelaient ton souvenir.

« Non, me disais-je, Marguerite n'est pas capable
d'une si noire trahison. Mais les paroles de Merlin
avaient fait une si vive impression dans mon esprit,
que, malgré moi, je restais dans un doute funeste.
Entré dans mes appartements, je ne pouvais
goûter aucun repos : ta pensée me poursuivait

partout, et toujours les mêmes combats se livraient dans mon esprit.

« Mais toi, ma chère Marguerite, quelles ont été tes aventures ? »

La comtesse fit à Arthur le récit fidèle de son emprisonnement, des dangers qu'elle avait courus, des moyens qu'elle avait pris pour s'évader ; elle lui parla surtout de la frayeur qu'elle éprouva dans le château du seigneur Noël, lorsque le favori du roi, Merlin y arriva avec ses archers pour se saisir d'elle ; Arthur ne pouvait contenir son indignation ; de grosses larmes coulaient de ses yeux ; il se reprochait amèrement d'avoir pu soupçonner Marguerite d'infidélité.

Mais la nuit s'écoulait rapidement dans des entretiens si pleins de charmes et d'intérêt pour tous les deux et minuit approchait ; ils se promettaient un lendemain de bonheur. Hélas ! ce bonheur devait être de bien courte durée.

Marguerite avait passé par de cruelles épreuves, il lui en restait à supporter de plus cruelles encore. Arthur devait être son bourreau.

XIII

La Tour Noire

.Merlin de Montrenard, trompé par la ruse d'Olivier, s'était rendu en toute hâte à Auxerre; mais à peine fut-il entré au château du baron de Vincimer, qu'il s'aperçut qu'on l'avait joué. Rien n'annonçait, en effet, que Marguerite pût être cachée dans le château; il y régnait une tranquillité profonde, et les questions les plus minutieuses et les plus adroites adressées aux gens comme au maître de la maison, convainquirent Merlin que ce n'était pas à Auxerre qu'il fallait chercher la fugitive.

Furieux de s'être ainsi laissé prendre au piège, Merlin voulait se venger et faire retomber sa colère sur les archers qui le suivaient et sur les gens du baron.

La crainte le retint. Il remonta à cheval avec sa troupe et prit au hasard la première route qui s'offrit à ses regards.

Morne et silencieux, il contint sa fureur comme le tigre qui a manqué sa proie, afin de la rendre plus ardente et plus efficace. Enfin, au bout de quelques heures de marche, il rompit un silence qui glaçait d'effroi tous les hommes de sa suite.

— Retournez à Paris, leur dit-il. Dites au roi que je me rends dans ma famille, mais qu'au milieu même des douceurs de ce repos, je m'occuperai d'une manière active de la mission dont il m'a chargé et que bientôt il apprendra le succès de mes démarches.

Au lieu de se rendre dans sa famille, Merlin de Montrenard se dirigea sur Estieugues ; il chercha dans sa pensée les moyens de perdre Marguerite s'il ne pouvait la ramener à Paris.

Son âme, accoutumée depuis longtemps au crime, conçut les projets les plus infâmes.

Il écrivit lui-même, comme si elle eût été de la main de François Ier, une lettre à l'adresse de Marguerite, y apposa le sceau royal qu'il portait continuellement avec lui en sa qualité de grand chancelier du roi et arriva à Estieugues muni de cette lettre perfide et mensongère.

Arthur et Marguerite, tranquillement assis dans la cour du château, à l'ombre d'un sycomore, s'entretenaient ensemble de leurs malheurs communs ; de temps en temps leurs regards se portaient sur leur jeune enfant qui folâtrait sur le gazon. Un bonheur inaltérable semblait devoir être leur partage.

Mais qu'elles sont courtes les joies de la vie et qu'on passe rapidement du comble du bonheur aux maux les plus extrêmes !

Tout à coup, Merlin se présente à Estieugues.
Arthur le repousse :

— Comment osez-vous vous présenter à moi !
Quoi ! traître que vous êtes, vous n'avez pas craint
de m'inspirer d'odieux soupçons sur Marguerite
et vous ne redoutez point ma vengeance ?

— Mais, reprit avec un calme affecté le perfide
Merlin, ayez la patience de m'entendre un instant ;
peut-être reconnaîtrez-vous enfin que celui que
vous accusez de trahison est encore votre ami le
plus fidèle :

« Je ne suis pas surpris de vos invectives, vous
êtes prévenu ; Marguerite vous a fait le récit de
ce qui s'est passé ; mais elle n'a pas dit toute la
vérité et en femme adroite et profondément dissi-
mulée, elle vous trompe par des récits menson-
gers. Elle vous a dit sans doute qu'elle avait été
violemment enlevée, jetée dans les fers, exposée
à mille outrages, et trop heureuse de pouvoir
s'enfuir pour sauver son honneur.

« Ah ! femme perfide ! s'écria Merlin en se
tournant vers Marguerite, est-ce donc ainsi que
vous trompez, dans l'intention bien arrêtée de le
faire mourir, un mari si digne d'un meilleur sort ?

« Oui, je le sais et je puis en fournir la preuve,
vous n'êtes revenue à Estieugues que pour empoi-
sonner le comte et retourner auprès du roi.

« Je connais cet odieux complot ; j'ai eu l'air d'y
donner les mains pour sauver plus sûrement un
ami ; je vous ai poursuivie avec des archers pour
exécuter le plan concerté entre le roi et vous.

« J'aurais pu vous arrêter, car je suis arrivé avec mes gens dans le château qui vous servait de retraite auprès de Nevers ; mais pour obéir aux ordres que j'avais reçus, je devais sauver les apparences et donner à penser au public que vous étiez vraiment une fugitive que le roi faisait poursuivre. Je vous ai laissée continuer votre route, j'ai feint d'être la dupe d'un artifice, afin de pouvoir renvoyer ma suite et venir en toute hâte déjouer vos noirs complots. »

Marguerite baissait les yeux ; tant de scélératesse l'étonnait. Arthur la considérait d'un œil furieux ; les paroles de Merlin avaient réveillé toute sa jalousie. Il attend la réponse de Marguerite. Mais, déconcertée par tant de hardiesse, la pauvre comtesse ne sait opposer que des larmes à tant de perfidie.

Merlin profite adroitement de la terreur qu'il a su inspirer.

— Vous voyez, dit-il au comte, la vérité de ce que je vous ai dit ; vous êtes l'objet d'un horrible complot, et Marguerite elle-même est l'ennemie que vous avez le plus à redouter, et, s'il n'en est pas ainsi, qu'elle ose donc me donner le démenti, qu'elle s'inscrive donc en faux contre cette lettre qui lui était adressée et que j'ai surprise. »

Merlin ne put continuer.

Atterrée par cet excès d'impudence et par un regard plein de fureur que porta sur elle le trop crédule Arthur, Marguerite tomba évanouie.

Arthur se sent ému, il court au secours de son

épouse, il oublie sa jalouse fureur, pour obéir à
ce sentiment si naturel de la pitié.

Les domestiques accourent ; on emporte la comtesse dans ses appartements. Arthur veut la suivre.
Merlin le retient :

— Lisez cette lettre, dit-il, elle vous dévoilera
toute la vérité.

Le comte la décacheta ; elle était ainsi conçue :

« A nos baillis, sénéchaux, comtes et autres
« officiers, François Ier, roi de France, salut ;

« Nous vous faisons savoir que :
« Sur les plaintes de la comtesse d'Estieugues,
« nous avons donné les ordres nécessaires pour
« faire cesser une pareille tyrannie. Nous faisons
« défense à quiconque de poursuivre la comtesse
« comme coupable de la mort de son mari ; Nous
« vous enjoignons, par notre autorité royale, de
« lui donner aide et secours, afin qu'elle puisse
« se rendre sûrement auprès de Nous.

« Fait à Paris, l'an de notre règne, le troisième.

« FRANÇOIS, Roi de France. »

Arthur n'en peut croire ses yeux ; il relit plusieurs fois cette lettre, il en examine l'écriture, il
regarde le sceau : aucun indice d'imposture, tout
accuse la comtesse.

— Malheureux que je suis, s'écrie le comte, en se laissant tomber sur un fauteuil! Ils ne sont donc que trop vrais mes tristes pressentiments! Je la croyais coupable, elle m'avait protesté de son innocence ; j'avais eu la faiblesse de croire à ses protestations. Ah ! perfide, ce n'était donc pas assez de m'avoir trompé, tu voulais me ravir la vie, pour te livrer désormais sans obstacle, à la dépravation de ton cœur !

— Auriez-vous jamais cru, lui dit Merlin, avec un accent profondément hypocrite, que la malice d'une femme pût arriver à ce point de scélératesse, et l'auriez-vous jamais attendu de Marguerite ? Elle porte sur sa figure l'empreinte de la candeur; mais son cœur dépravé cache une âme noire.

« Elle est d'autant plus dangereuse, qu'elle inspire moins de défiance.

« Depuis longtemps déjà, je l'observais de près, j'étudiais toutes ses démarches et il me fut facile de découvrir en elle une perversité que vous étiez loin de soupçonner.

« Plusieurs fois j'ai tenté de vous ouvrir les yeux sur la conduite indigne de votre épouse; mais tous mes efforts sont venus se briser contre une aveugle prévention.

« Vous voyez, aujourd'hui, par vous-même, ce qu'il en est, je vous ai fourni une preuve sans réplique des perfidies de cette femme : le temps vous en découvrira davantage. Le roi lui fera sans doute parvenir d'autres lettres et nous aurons bientôt une nouvelle certitude du crime.

« Je connais par quelle voie François Ier correspond avec la comtesse; j'ai pu soustraire la lettre que je vous ai remise, je réussirai à intercepter les autres.

« Mais il y va de ma vie; et si Marguerite peut encore communiquer avec le roi, je suis perdu sans retour.

« Jurez-moi donc, foi de chevalier, que vous prendrez toutes les mesures pour sauver un ami qui s'expose aux plus grands dangers, dans le désir de vous rendre service. »

Trompé par un discours si astucieux, le crédule Arthur promit tout à Merlin et chercha avec lui le moyen de mettre un terme à tant de crimes.

Le comte n'osait encore en venir aux moyens extrêmes; un reste de tendresse pour son épouse arrêtait sa fureur.

Merlin s'en aperçut, et pour arriver plus sûrement à son but, il prit un ton modéré et sembla vouloir s'opposer à la fureur d'Arthur.

— Je sais, dit-il au comte, combien est grand l'affront que vous avez reçu, et qu'une semblable injure ne peut se laver que dans le sang de la coupable.

« Mais vous devez craindre la colère du roi, et redouter les reproches du public qui a les yeux ouverts sur vous. On trouvera mauvais que vous vous soyez prononcé trop vite dans une affaire si grave; attendez une nouvelle preuve de culpabilité de Marguerite. Par précaution, faites-la enfermer dans une étroite prison; ôtez-lui toute communication avec le dehors ; privez-la des consolations qu'elle pourrait recevoir de personnes dévouées, car elle en abuserait pour continuer ses intrigues.»

Le piège réussit parfaitement.

Arthur, touché jusqu'aux larmes de l'intérêt prétendu que semblait lui porter Merlin, serra tendrement la main de ce perfide ami, et fit appeler l'intendant de sa maison.

Barnabé, c'était son nom, se présente avec empressement.

Vieux serviteur, éprouvé par de longs services, il ne vivait, il ne semblait respirer que pour son maitre et sa maîtresse.

— Va, lui dit Arthur, tout préparer dans la tour noire du château, pour y enfermer une malheureuse qui abusa trop longtemps de mes bontés et de ma patience.

— Seigneur, répondit Barnabé, je vais exécuter vos ordres.

Il rentra quelques instants après, pour annoncer à Arthur que tout était prêt.

Ils ne sont pas longs les préparatifs à faire pour loger un prisonnier, et dans ce temps-là, plus encore qu'aujourd'hui, l'humanité ni la charité ne veillaient au bien être du malheureux qu'une sentence juste ou injuste condamnait à finir ses jours dans un cachot.

Située à l'extrémité du château, sur le bord d'un ravin et loin de tout rapport avec les hommes, la tour noire, qui devait servir de prison à Marguerite, était un de ces cachots redoutables, qui offraient aux malheureux qu'on y enfermait, une existence plus terrible que la mort.

Etroitement enfermé, le prisonnier devait renoncer pour toujours à la lumière et à la liberté. Il traversait le pont-levis, escorté par le geôlier; une porte basse et étroite s'ouvrait devant lui; on lui faisait monter plusieurs marches, une deuxième porte s'ouvrait, et on poussait le malheureux dans un étroit réduit. La porte se refermait avec fracas et le prisonnier se trouvait séquestré, privé pour toujours de tout rapport avec les êtres vivants.

Eclairé par un soupirail pratiqué au point le plus élevé de la prison, il ne recevait de l'air que ce qu'il en fallait pour ne pas mourir étouffé, et pouvait à peine distinguer à la lueur qui passait par cette triste ouverture, si le jour animait la nature ou si la nuit invitait les hommes au repos.

Cette affreuse demeure était devenue depuis peu plus horrible : un malheureux qu'on y avait enfermé avait succombé, sous le poids de ses malheurs et de ses crimes; il s'était assommé contre les murs, et des gouttes de sang apparaissaient encore dans ce sombre cachot.

Telle était la prison qu'on destinait à Marguerite, malade et fatiguée du pénible voyage qu'elle avait entrepris et de la scène outrageante dont elle avait été la victime.

La comtesse venait enfin de revenir de son évanouissement et commençait à prendre un peu de repos; de nouvelles souffrances l'attendaient et cette femme, si digne d'un meilleur sort, devait trouver un bourreau cruel en son mari, pour lequel elle avait tout sacrifié.

Arthur avait donné ses ordres; deux hommes dévoués devaient transporter dans sa prison, l'infortunée Marguerite.

Barnabé, le fidèle Barnabé les conduit; il arrive avec eux vers le lit dè la comtesse, et lui intime, avec une cruelle rigueur, l'ordre de les suivre.

Marguerite éperdue, veut se justifier; elle demande son fils; tout est sourd à sa voix; à peine un quart d'heure lui est-il accordé pour s'habiller à la hâte, et les deux émissaires de l'aveugle jalousie du comte l'enlèvent et la transportent dans la tour qui doit lui servir de tombeau.

Marguerite recourt en vain aux larmes, aux plaintes et aux reproches; rien ne peut adoucir ses farouches conducteurs; les portes s'ouvrent, la comtesse est déposée sur un peu de paille et la porte se referme.

La malheureuse comtesse reste seule, tout le monde l'a abandonnée. Elle semble perdue pour toujours; mais son cœur plein de foi a déjà trouvé des consolations et de la force : elle est innocente, Dieu la protègera; la Providence l'a déjà soutenue tant de fois. Elle se jette à genoux, elle appelle à son secours. Bientôt elle aura un sauveur en la personne du fidèle Barnabé, ce vieux serviteur qui l'aime comme sa fille.

Pour la sauver il emploiera une de ces voies extraordinaires, qui réussissent en des mains habiles. Il a deviné les odieuses intrigues de Merlin, il sait que ce traître ne sera satisfait que lorsque Marguerite aura succombé ; il veut déjouer cet abominable complot, et, pour réussir, il imagine un stratagème qui doit lui réussir.

Il empêchera la mort de Marguerite, enlèvera la comtesse de sa prison pour la cacher dans un lieu sûr, jusqu'à ce qu'il ait pu dissiper dans le cœur d'Arthur les funestes impressions qu'y a laissées le perfide Merlin.

Mais pour exécuter ce plan, que d'obstacles à vaincre ! Un rien peut déjouer ses combinaisons et le perdre pour toujours avec l'infortunée Marguerite.

Nimporte, le fidèle Barnabé tentera tout pour sauver sa maîtresse ; il est allé dans la chapelle du château s'agenouiller ; il a confiance, il réussira.

Il faut avant, écarter tout soupçon.

Merlin se défie de Barnabé ; il pense avec raison que ce vieux serviteur, qui tient autant à Arthur qu'à Marguerite, n'aura jamais le courage de faire périr la comtesse, et il voit avec peine que le comte lui confie la garde de sa prisonnière.

Il ordonne à son écuyer de suivre de près toutes les démarches de Barnabé, de l'accompagner à la prison de Marguerite, et de ne jamais le laisser seul avec la comtesse. Mais Marguerite est si bonne, et sa confiance en Dieu inspire à ses traits, au milieu de sa désolation, tant de calme et de résignation, que le farouche écuyer de Merlin ne peut y résister.

Il a voulu d'abord, pour plaire à son maître, maltraiter l'infortunée comtesse ; sa bouche s'est ouverte pour accabler d'injures l'infortunée prisonnière ; elle s'est fermée presque aussitôt en présence de cette aimable candeur de Marguerite.

L'écuyer de Merlin cache, sous des dehors farouches, un cœur droit, sensible et généreux ; il a été frappé de la grande vertu de Marguerite ; il est pensif, il baisse la tête.

Barnabé a le temps de dire beaucoup de choses à la comtesse, par un long regard qui signifie tout et qu'elle comprend bien.

A peine se voit-elle seule qu'elle se précipite à genoux.

— O Dieu ! s'écrie-t-elle, il est donc bien certain que votre bonté n'abandonne point les malheureux qui ont recours à vous ! On me l'a répété bien souvent, je le croyais ; aujourd'hui j'en acquiers la preuve sensible. »

Marguerite s'étendit toute consolée, sur son pauvre grabat, et se livra à un doux sommeil qu'elle n'avait pas goûté depuis longtemps.

Il n'en était pas de même pour Arthur ; il ne pouvait prendre aucun repos : mille souvenirs venaient déchirer son cœur, et son épouse, malgré les trompeuses insinuations de Merlin, possédait encore toute l'affection de son mari. Mais trop faible et trop prévenu, il n'osait se soustraire à l'ascendant de son perfide ami.

Celui-ci, dont la malice artificieuse observait tout, avait pénétré sans peine les dispositions d'Arthur, et ne doutait point qu'après son départ d'Estieugues, la comtesse ne sortît bientôt de sa prison, pour reprendre sur le comte tout l'ascendant qu'elle avait autrefois.

Que faire pour empêcher cette réconciliation et perdre à jamais Marguerite ?

Merlin s'en occupe attentivement ; il combine les moyens : il faut que la comtesse périsse, et que sa mort tragique empoisonne pour toujours l'existence d'Arthur.

Mais comment obtenir du comte la décision fatale qui le privera à jamais de son épouse ?

Merlin l'a tenté plusieurs fois, Arthur ne peut s'y résoudre. Mais de quoi n'est pas capable un scélérat consommé ?

— Arthur, dit un jour au comte le perfide ennemi de la comtesse, vous serez bientôt, si vous n'y prenez garde, la victime de votre aveugle affection pour une malheureuse ; j'ai su de bonne part qu'un seigneur, que Marguerite aime, doit venir l'enlever ; il a peint votre conduite sous de noires couleurs, et travaille à soulever contre vous vos vassaux. La comtesse se prête à tout, et Barnabé, qui a toute votre confiance, est l'âme de cette intrigue. La facilité qu'il a de communiquer avec Marguerite, lui assure le succès d'un plan qui vous perdra.

Arthur qui, la veille, avait reçu de vives réclamations de la part de quelques seigneurs voisins, ne douta plus de l'existence du complot et chercha avec Merlin, les moyens de le déjouer.

— Le plus simple, dit Merlin, est d'envoyer un

homme sûr, qui plonge un poignard dans le sein de Marguerite.

Arthur recula d'horreur à une pareille proposition ; Merlin s'en aperçut, et reprenant les voies insidieuses qui lui avaient toujours si bien réussi.

— Vous avez raison, dit-il, ce procédé violent, quoique justifié par les crimes de Marguerite, serait jugé bien diversement et l'on pourrait vous en imputer tout l'odieux.

« Ecartez Barnabé ; faites garder avec soin les avenues du château, je vous offre mes vassaux, vous pouvez compter sur eux.

« Confiez à mon écuyer la garde de Marguerite ; c'est un homme fidèle, on ne le gagnera point.

Arthur consentit à tout, et Merlin sortit avec son écuyer pour visiter les dehors de la prison et voir la prisonnière.

— Madame, lui dit-il en arrivant auprés d'elle, remerciez la bonté du comte votre seigneur, il vous laisse la vie malgré vos crimes, et vous condamne à finir vos jours dans ce cachot. C'est une peine trop douce pour une malheureuse qui mérite la mort la plus cruelle, mais j'ai intercédé pour vous et obtenu de l'infortuné Arthur cette commutation de peine. Mais prenez garde, madame, vous intriguez au dehors pour vous faire enlever ; le comte en est instruit ; il sait même que vous avez promis pour le récompenser de ce service, votre main au seigneur de Fresle. Sans mon intercession, le comte, votre seigneur, vous aurait mise à mort sur le champ.

Marguerite ne put répondre un seul mot, les sanglots l'étouffaient.

— Malheureuse, lui dit Merlin, voulez-vous donc aussi me tromper par d'hypocrites larmes? Je ne m'y laisserai pas prendre, et saurai vous ôter les moyens de continuer vos intrigues. Voilà votre gardien, dit-il, en montrant son écuyer; vous ne pourrez pas user de lui comme vous avez fait de Barnabé, pour nouer vos intrigues : femme détestable, vos crimes seront donc enfin expiés, et la justice divine ne laissera point impunis les forfaits qui ont rempli votre vie.

En disant ces mots, Merlin lança à la comtesse un regard farouche qui la glaça d'effroi; il se retira suivi de son écuyer.

Marguerite, laissée seule à sa douleur, tourna ses pensées vers son refuge ordinaire.

— Oh! ma bonne mère, s'écria-t-elle; m'avez-vous donc abandonnée, et la confiance que j'ai en vous, ô Marie, sera-t-elle donc trompée?

Oh! non; un rayon d'espérance a lui dans son cœur : il lui a semblé entendre la voix de Florine qui a relevé son courage abattu.

« Je veille sur toi, ma fille, tout se prépare pour ta délivrance et ton bonheur. Aie confiance! »

Et Marguerite retomba tranquillement sur sa couche, attendant en paix la réalisation de ces promesses.

Cependant la rigueur avec laquelle on avait d'abord traité la prisonnière s'adoucit peu à peu.

On lui apportait ce qu'elle désirait; ses repas

étaient meilleurs. Marguerite, à ces marques d'attention, comprit qu'un ami veillait secrètement sur elle.

Mais si son sort paraissait moins dur sous certains côtés, la perte absolue de la liberté la faisait cruellement souffrir.

Dans son cachot étroit, la comtesse ne distinguait le jour de la nuit, que par les bruits extérieurs.

Quand les chants des laboureurs ou les cris des charretiers parvenaient jusqu'à elle, la malheureuse songeait qu'au dehors le soleil brillait, éclairant de ses joyeux rayons la vallée, les bois, les champs. Quand tous ces bruits familiers cessaient, c'était que les étoiles commençaient à luire dans ce beau ciel qu'elle ne pouvait plus contempler.

Enfin, après les heures d'insomnie, un bruit affreux de verrous la faisait se lever en sursaut; c'était le gardien qui entrouvrait la lourde porte de la tour, pour lui donner de quoi apaiser sa faim.

C'était en vain que Marguerite écrivait pour supplier le comte de lui accorder une entrevue. Merlin était là qui faisait bonne garde et interceptait les lettres.

Tout ce que la pauvre femme put obtenir fut qu'on lui apportât de temps en temps son fils.

Alors, cette tendre mère oubliait ses épreuves, oubliait son cachot, oubliait jusqu'à la cruauté de ses bourreaux.

Son enfant ! Oh ! comme elle couvrait de baisers ce cher petit être, comme elle le serrait sur son cœur avec transport.

Ces entrevues, toujours trop courtes, rendaient un peu de courage à la pauvre mère et, avant de se séparer de son fils, dans un ardent baiser faisait passer tout son cœur, toute son âme. C'était comme une prière sublime adressée à Celui qui pouvait, par l'intermédiaire du cher petit, rapprocher ces époux qui enduraient si injustement d'horribles tortures.

Arthur n'était pas dans un cachot, mais ses souffrances n'en étaient pas moins cruelles.

Il n'avait plus de joie, plus de repos. Ses nuits étaient troublées par d'horribles cauchemars.

Son imagination le transportait dans la tour où languissait son épouse autrefois tendrement chérie, et qu'il aimait encore.

Il la voyait pâlie, embrassant son enfant ; les yeux de la pauvre femme, ternis par les larmes, se tournaient vers lui et semblaient lui reprocher son injustice et sa cruauté.

Le comte se réveillait couvert de sueur ; d'affreuses pensées lui traversaient le cerveau. Ah ! si la comtesse n'était pas coupable ! Quels remords ! « Comment expirais-je les souffrances que je lui aurais fait endurer. »

Il lui venait parfois le brusque désir d'aller se jeter aux pieds de la comtesse, pour lui demander pardon de sa jalousie, de ses soupçons.

Mais Merlin de Montrenard veillait sur sa proie.

Habile à lire sur la physionomie loyale d'Arthur, il voyait le travail intérieur qui se produisait dans l'esprit du comte; c'était alors que par une conversation habile, des allusions à l'infamie de la comtesse, le traître réussissait à reprendre tout son empire sur son ami, qui sortait de ces entretiens, persuadé de la culpabilité de son épouse, et plus résolu que jamais à laisser mourir la malheureuse dans le réduit de la tour noire.

XIV

Faux empoisonnement de Marguerite.

La fidèle Roselinde avait quitté Paris aussitôt
après l'évasion de sa maîtresse; elle avait dû parcourir le chemin à pied, à petites journées.

Elle venait enfin d'arriver à Estieugues, espérant y retrouver le calme, le bonheur et la joie
d'autrefois.

Elle tressaille de joie en apercevant de loin la
tour du château; mais elle ignore que sa pauvre
maîtresse y languit depuis quelques jours dans
les étreintes de la misère et de la douleur.

Roselinde ne tarde pas à l'apprendre. Barnabé,
qui la rencontre à la sortie de la forêt du Cergne,
lui raconte tous les malheurs qui s'étaient abattus
sur l'infortunée Marguerite.

— Ah! Dieu, s'écrie Roselinde, n'aurez-vous pas
pitié de ma pauvre maîtresse? Perfide Merlin, ne
te lasseras-tu pas de persécuter l'innocence? et la
justice divine ne mettra-t-elle pas un terme au
nombre toujours croissant de tes crimes?

Roselinde veut se présenter à Arthur et tenter de venger l'honneur de Marguerite, en dévoilant au comte toutes les perfidies de l'infâme traître qu'il a eu l'imprudence d'écouter.

Barnabé l'arrête, il craint avec raison que Merlin, dans sa fureur, ne fasse périr Roselinde.

— Cachez-vous, lui dit-il, dans la maison de mon neveu, je puis compter sur son inviolable fidélité ; mais surtout faites qu'on ignore votre retour.

« Si Merlin vient à l'apprendre, nous sommes perdus ; je vais vous amener son écuyer, que vous avez connu à Paris ; tâchez de le gagner à notre cause et tout est sauvé. Ne perdons point de temps, je crains pour les jours de Marguerite ; on m'a ôté la garde de sa prison ; sais-je si on ne la laissera pas mourir de faim, ou si un lâche assassin n'ira pas mettre un terme à sa vie.

— Seigneur chevalier, c'est tout à propos que je vous rencontre, dit Barnabé à l'écuyer de Merlin ; j'allais vous prévenir qu'une dame arrivant de Paris désire s'entretenir avec vous d'une affaire importante ; je l'ai rencontrée sur la route, et après bien des questions, elle m'a prié de vous conduire dans cette maison solitaire que vous voyez devant vous. Il m'a semblé qu'elle redoutait beaucoup la présence du seigneur Merlin, et m'a recommandé de ne parler qu'à vous seul.

— Que prétend-elle avec tous ces mystères ? Est-ce un piège que l'on me tend ? Nous verrons bien.

L'écuyer était triste et rêveur, et s'arrêtait souvent tout préoccupé.

— Qu'avez-vous donc? lui demanda Barnabé.

— Un vif chagrin. Il y a dans la vie des positions pénibles : je voudrais n'avoir jamais connu Marguerite. Mon maître m'assure qu'elle est coupable; mais j'en doute.

« Je l'ai observée dans ses malheurs; sa résignation m'a frappé; un coupable ne peut contrefaire si longtemps le calme de la vertu. Ce matin encore, elle m'a étonné; mon maître lui a adressé les plus sanglants reproches; elle n'a pu répondre que par des larmes; et elle a jeté sur moi un regard qui m'a pénétré; elle semblait me dire :

« Et vous aussi, me croyez-vous coupable et n'aurez-vous pas compassion de mon malheur? Preux chevalier, abandonnerez-vous l'innocence opprimée ? »

En disant ces mots, l'écuyer cachait des larmes qui tombaient de ses yeux.

— Que serait-ce donc, si comme moi vous connaissiez toutes les vertus de Marguerite? lui dit Barnabé; je l'ai suivie depuis sa plus tendre enfance et je vous assure que je n'ai jamais vu une piété plus douce, plus aimable et plus solide ; on ne l'appelle dans le pays que la bonne dame; on la regarde comme la mère des pauvres; je parierais ma tête qu'elle n'est point coupable. Mais le seigneur Merlin de Montrenard a ressenti un tel dépit de n'avoir pu obtenir sa main, qu'il lui a juré depuis lors une haine implacable. Il a profité de toutes les occasions pour lui nuire, et plus d'une fois il a répandu d'atroces calomnies sur son compte; je suis convaincu qu'il en est de même aujourd'hui.

— Malheureux que je suis! s'écria l'écuyer, faut-il donc que je serve à persécuter l'innocence? Non, ce n'est pas le chemin de l'honneur, et j'aime mieux quitter le service du seigneur Merlin et chercher fortune ailleurs.

— Que vous me faites plaisir, seigneur chevalier, reprit Barnabé. Mais entrez, je vous prie, nous voilà arrivés, et cette bonne Parisienne pourra vous entretenir.

— Quoi! c'est vous Roselinde! s'écria l'écuyer; quelle agréable surprise! Est-ce donc là, Barnabé, cette dame de Paris dont vous m'avez parlé?

— Oui, seigneur, et vous entendrez de sa bouche le récit des aventures de Marguerite; vous pourrez apprécier ainsi toute la vertu de la comtesse.

Roselinde raconta tout ce qui s'était passé; elle dépeignit avec force les indignes tromperies de Merlin. Mais quand elle en vint à l'évasion de Marguerite et qu'elle raconta le courage admirable de cette femme, qui avait préféré s'exposer à tous les dangers que de perdre son honneur, l'écuyer n'y tint plus, ses yeux se remplirent de larmes.

— Eh bien! mes amis, il faut à tout prix sauver la comtesse. Mais hâtons-nous, car mon maître a formé de sinistres projets, et d'un moment à l'autre il peut les mettre à exécution.

— Mais comment faire? dit Roselinde. A Paris,

j'étais auprès de ma pauvre maîtresse; je travail-
lais avec elle à couper les barreaux de sa prison;
mais ici il n'y a pas de ressources; la tour est
inaccessible.

« Ah! ma bonne Marguerite, ma chère maîtresse,
ne suis-je donc revenue de Paris que pour être
témoin de vos malheurs? »

Et Roselinde fondit en larmes.

— Ne nous décourageons point, reprit Barnabé,
il y a un moyen, je crois, de sauver la comtesse.
Sous le grabat qu'elle occupe, se trouve la trappe
des oubliettes. Quand on veut se défaire sans
bruit d'un criminel, on le place sur cette trappe,
et on le précipite dans le fond de la tour sur des
rochers aigus : une fausse porte murée commu-
nique du dehors au pied de la tour. Je suis le seul
ici qui connaisse cette issue.

« Chevalier, cette nuit même, s'il plaît à Dieu,
Marguerite sera délivrée. »

— Ecoutez-moi bien, Barnabé, lui dit l'écuyer;
j'ai répondu de Marguerite sur ma tête, et si elle
vient à disparaître, je n'échapperai pas à la fureur
de mon maître. Mais n'importe, fallût-il périr,
nous sauverons l'innocente victime.

— Je ne vous ai pas exprimé toute ma pensée,
seigneur chevalier, reprit Barnabé; nous ferons
évader la comtesse et nous mettrons à sa place
un cadavre. Une femme vient de mourir dans le
voisinage; j'enlèverai son corps. Vous enverrez
un de vos gens visiter la prisonnière, il trouvera
le cadavre; le bruit de la mort de Marguerite se

répandra partout... mais la comtesse sera en lieu sûr et sauvée !!

Roselinde et l'écuyer ne purent s'empêcher d'admirer et d'approuver le plan que venait d'exposer Barnabé ; on ne songea plus qu'à se préparer à l'exécuter à la lettre ; ils se séparèrent pour aller chacun à son poste.

L'écuyer de Merlin alla voir la comtesse, elle sommeillait tranquillement sur sa pauvre couche.

Elle se réveilla au bruit que fit le chevalier en entrant, et, jetant sur lui un regard plein de douceur, elle lui dit avec l'accent de la douleur :

« Sauvez-moi, chevalier ; ou du moins adoucissez mes maux. Hélas! on me traite avec plus de rigueur que les plus grands criminels ; quand des malheureux étaient renfermés dans cette prison, je venais les consoler, je leur apportais la nourriture dont ils avaient besoin ; je les défendais du froid et aujourd'hui je suis abandonnée, sans secours, je péris, victime d'une indigne calomnie. Mon Dieu, ne prendrez-vous point ma défense ? Ma confiance sera-t-elle trompée ?

— Non Madame, répondit l'écuyer avec émotion; le protecteur suprême des innocents vous a trouvé des libérateurs, et cette nuit même vous serez, je l'espère, hors des atteintes de vos ennemis.

Et il raconta tout le plan projeté.

Marguerite n'osait se livrer à l'espérance ; elle craignait qu'on ne voulût l'abuser.

Un sourire d'incrédulité se dessina sur ses lèvres. L'écuyer de Merlin s'en aperçut et lui dit aussitôt :

— N'ayez crainte, madame, je viens de vous dire l'exacte vérité ; je vous le jure, foi de chevalier !

La comtesse, rassurée par ce serment, arrêta avec l'écuyer toutes les dispositions qu'elle avait à prendre pour favoriser sa délivrance.

Une corde fut solidement fixée à un anneau de fer que cachait le lit et qui dominait la trappe, et à un signal convenu, Marguerite devait se laisser descendre par cette corde au milieu des ténèbres et dans un précipice dont elle ignorait la profondeur.

Un incident faillit tout perdre. Merlin cherchait son écuyer. Informé qu'il était dans la prison de Marguerite, il s'y rendit en toute hâte. Heureusement la porte se trouva fermée du dedans ; on eut le temps de remettre le grabat à sa place pour couvrir la trappe.

La comtesse s'y coucha, et l'écuyer s'empressa d'aller recevoir son maître.

— Que faites-vous donc ici, lui dit Merlin avec fureur ? Laissez cette malheureuse périr de misère et de faim ; elle ne mérite pas d'autre sort.

— Seigneur, reprit l'écuyer, j'ai appris que des insensés avaient formé le projet d'escalader la tour, de pénétrer dans ce cachot et d'enlever la prisonnière. Je suis venu visiter les lieux pour m'assurer que tout est en bon état et à l'abri de toute tentative.

— C'est bien, reprit Merlin ; nous saurons déjouer de pareils complots ; et jamais la coupable n'échappera au supplice qu'elle mérite ; et lançant un regard furieux sur la comtesse, il sortit avec son écuyer.

« Je me doutais, dit-il, d'un projet d'enlèvement. Tachez de découvrir le plan des conjurés et veillez avec soin pour déjouer toutes les entreprises ; car encore quelques jours et la comtesse ne sera plus. Le seigneur Arthur ne peut se défaire d'un reste d'affection pour son épouse. J'ai beau l'exciter, il n'ose franchir le dernier pas et prononcer l'arrêt de mort ; mais je saurai sans lui, le débarrasser d'une malheureuse qui le déshonore.

« On ne portera à Marguerite que la nourriture que j'aurai préparée moi-même ; vous veillerez à l'exécution de cet ordre.

« Prenez avec vous mon page et portez ce breuvage à notre prisonnière. »

Observé de près par un espion qui pouvait le trahir, l'écuyer de Merlin se trouva dans le plus cruel embarras.

Comment, en effet, prévenir un empoisonnement qui lui semble inévitable ?

Il part avec le page, il espère que la bonté divine qui veille sur Marguerite lui fournira quelques expédients pour se tirer d'affaire.

La nuit tombait ; une lampe guidait leurs pas. Entré dans le cachot, l'écuyer éteint adroitement la lampe, et dépêche le page pour quérir de la lumière.

L'écuyer profite de ce moment, renverse le vase fatal, le remplit d'eau et dit à la comtesse :

— Prenez courage, madame, la Providence veille

sur vous. Cette nuit, à onze heures, tenez-vous prête, un coup de sifflet donnera le signal, et quand vous m'entendrez sonner du cor, descendez par la trappe.

Le page arrivait ; l'écuyer présenta le breuvage à la comtesse.

— Ah ! seigneur chevalier, voulez-vous donc me faire périr ? Quoi ! vous m'empoisonnez ? Mon Dieu, je suis innocente et vous m'abandonnez ! Non, je ne prendrai pas cette boisson fatale. Qu'on fasse mon procès, afin que je puisse me justifier.

— Madame, vos crimes sont trop connus, l'arrêt en est porté, nous venons exécuter la sentence.

— Ah ! malheureux Arthur, est-ce ainsi que tu récompenses ma fidélité? Je te pardonne ton injuste fureur. Un jour, je l'espère, tu reconnaîtras l'innocence de Marguerite et tu pleureras ta malheureuse épouse.

Puis, s'adressant à l'écuyer de Merlin, elle dit :

— Seigneur chevalier, accordez-moi, je vous prie, une grâce ; dites au seigneur Arthur que je meurs innocente et que je lui recommande l'éducation de mon fils. Qu'il vive heureux.

En disant ces mots, Marguerite prit la coupe et avala le prétendu poison.

Cette scène concertée réussit à merveille. Le page se hâta de porter la nouvelle à son maître.

Merlin sourit et ne pensa plus qu'au bonheur qu'il aurait, le lendemain, de voir enfin réussir ses noires intrigues.

Mais que peut la malice humaine contre les

desseins de la Providence ; les moyens même qu'elle emploie tournent à sa confusion.

Barnabé, prévenu de tout, a fait ses préparatifs. Suivi de son neveu, dont il est bien sûr, il a démasqué la porte inférieure de la tour ; une échelle est dressée pour recevoir la comtesse.

Le difficile est d'enlever le cadavre qui doit remplacer Marguerite ; car une bonne femme veille auprès de la défunte ; une lampe allumée répand une faible clarté dans l'appartement.

L'opinion publique a flétri cette morte. Une vie scandaleuse l'a fait promptement oublier et il a fallu de larges récompenses pour obtenir, après bien des efforts, une garde qui osât passer la nuit près de son cadavre.

Barnabé profite habilement de cette superstitieuse crédulité : il se noircit la figure, se revêt d'un grand manteau noir et s'avance avec son neveu qui est aussi travesti.

Il entre d'un pas assuré, lance un regard furieux sur la garde épouvantée, éteint la lampe, emporte le cadavre et laisse évanouie cette malheureuse femme.

Revenue à elle-même, elle court toute tremblante chercher un asile chez les voisins qu'elle réveille.

— Ah ! dit-elle, il n'est que trop vrai que notre défunte est damnée : deux démons en personne sont venus à minuit et ont enlevé le corps, et je crois qu'ils m'auraient aussi enlevée si je ne m'étais pas signée. Ah ! dorénavant, on ne me prendra plus à veiller de ces morts qui ont mal vécu; on m'offrirait tout l'or du monde, que je ne le ferais pas.

En fallait-il davantage pour confirmer la rumeur publique? Le lendemain, il n'était bruit que de cette infernale apparition et de la damnation certaine de la pauvre défunte.

On ne passait qu'en tremblant devant la maison maudite; on entendait du bruit, on y voyait du feu toutes les nuits; et bien des années s'écoulèrent avant qu'on osât l'habiter.

Onze heures sonnaient au beffroi du château.

Barnabé donne un coup de sifflet; l'écuyer de Merlin se précipite dans la cour.

— A moi ! s'écrie-t-il. Chevalier, abaissez le pont-levis ; allons reconnaître l'ennemi.

Merlin s'éveille au bruit; il saisit ses armes et descend précipitamment pour commander la sortie.

On s'avance en bataille jusqu'au pied de la tour où est enfermée Marguerite. Point d'ennemis.

La troupe se partage et va de divers côtés, sous les ordres d'Arthur et de Merlin, pousser une reconnaissance jusque vers la forêt voisine.

Un temps clair et serein permet d'apercevoir, au milieu de l'obscurité de la nuit, quelques hommes qui s'enfuient et cherchent une retraite dans le fourré du bois.

Des chariots qu'on rencontre à demi chargés, dénoncent des voleurs qui profitent de la nuit pour faire leur provision d'hiver.

On ne doute plus que le coup de sifflet ne soit parti de là.

Arthur et Merlin, tout honteux de s'être ainsi mépris et d'avoir troublé leur repos pour n'avoir affaire qu'à quelques misérables, reprennent le chemin du château.

— Sonnez la retraite, dit Arthur à l'écuyer de Merlin ; qu'on lève le pont-levis et que chacun se retire dans ses appartements.

Barnabé l'avait prévu et son coup de sifflet avait produit tout le résultat qu'il en attendait.

Merlin ne pensait plus à aller outrager la comtesse et déranger, par sa présence, le plan concerté pour sa délivrance.

La garnison du château n'était plus sous les armes et ne songeait qu'au repos.

Barnabé pouvait, sans rien craindre, délivrer sa maîtresse.

Tapi avec son neveu dans l'intérieur de la tour, il attendait impatiemment le signal convenu.

Au premier son du cor, Marguerite se lève ; transporte le lit plus loin, découvre la trappe, descend au moyen de la corde et se trouve en présence du neveu de Barnabé, qui l'attendait.

— Et votre oncle, où est-il ? lui dit la comtesse.

— Il est là-bas, qui vous attend.

— Quelle reconnaissance ne lui devrai-je pas, répliqua Marguerite. Mais ne perdons pas de temps.

Et, guidée par le jeune homme, elle se rendit auprès de Barnabé.

— Ah ! mon Dieu, je vous rends grâce, me voilà donc sauvée !

Et elle donna sa main à baiser à son vieux et fidèle serviteur qui s'était ainsi dévoué pour elle.

Le cadavre qu'on avait enlevé est hissé dans la prison ; on le revêt le mieux possible des habits qu'a laissés la comtesse ; le lit est replacé, la trappe refermée.

Le neveu de Barnabé se charge de la comtesse ; il la porte sans bruit jusqu'au logement de Roselinde, tandis que Barnabé recouvre aussi bien que possible la porte de la tour qu'il avait découverte.

Marguerite est heureuse ; elle a retrouvé sa fidèle Roselinde. Elle se livre avec elle à toute l'expansion de la joie la plus vive ; mais Barnabé arrive ; il faut que la comtesse aille occuper le lit qu'on lui a préparé et se condamne au silence et à une retraite absolue, pour ne point compromettre un secret qu'il importe de garder encore.

Marguerite se soumet à tout ; Roselinde est avec elle, que lui manque-t-il ?

Merlin n'a pas attendu le jour ; il est impatient de savoir le résultat du poison qu'il a préparé pour la comtesse.

Le page revient en toute hâte annoncer qu'il n'a trouvé qu'un cadavre.

— Enfin, me voilà satisfait et la comtesse a été punie comme elle le méritait de ses froideurs à mon égard.

Merlin, entrant dans la chambre d'Arthur, lui dit :

— Je viens vous annoncer une nouvelle qui ne doit pas vous surprendre : la Providence vient de vous venger ; la comtesse Marguerite n'est plus.

Arthur est sensible ; il aime Marguerite. Cette mort réveille toute son affection.

— Oh ! s'écria-t-il, tout éperdu, je ne te verrai plus, ma Marguerite ; tu as fermé les yeux à la lumière, et c'est Arthur qui a été ton bourreau !

Des sanglots étouffés l'empêchent de continuer.

Merlin essaie en vain d'apaiser sa douleur ; il ne reçoit que cette réponse sèche et impérative :

— Comte, retirez-vous et laissez-moi pleurer sans témoin.

Arthur est inconsolable ; il se promène à grands pas dans la chambre ; des soupirs entrecoupés trahissent sa douleur.

On l'entend souvent répéter les mots : « Oh ! chère Marguerite ! »

Il se rappelle les beaux jours d'un heureux mariage.

— Ah ! maudit voyage de Paris, tu nous as perdus. Si je n'avais donc jamais quitté Estieugues, j'aurais encore ma chère épouse ; mais aussi pourquoi s'est-elle rendue coupable ? Mais l'était-elle véritablement ; qui sait si l'on ne m'a pas trompé ? Peut-être que si j'avais voulu l'entendre, comme elle me le demandait, j'aurais acquis la preuve de son innocence.

Le souvenir de sa mère, Florine, se présenta à sa mémoire.

Cette mère chérie, qu'il vénère, semble lui adresser de terribles reproches :

— Quoi ! mon fils, mon malheureux fils, as-tu

donc oublié les conseils et les avis de ta mère ?
Pourtant, elle te les a répétés souvent : Défie-toi
de cette pente à la jalousie ; un jour, elle te perdra
et Marguerite, que tout appelle à faire ton bonheur,
en sera certainement la victime.

— Mon Dieu, ce n'est peut-être que trop vrai,
et trompé par un perfide ami, j'ai sacrifié mon
épouse à d'injustes et ignobles soupçons.

Ses yeux s'arrêtent sur le portrait de la comtesse.
Ce regard plein de candeur pénètre son âme ; son
esprit est agité de mille pensées. Marguerite
semble toujours le suivre de l'œil et lui reprocher
sa mort.

La journée s'écoule ainsi dans de cruelles
angoisses ; la nuit qui succède se passe dans des
rêves affreux et le malheureux Arthur porte dans
son cœur une blessure sanglante qui doit empoi-
sonner le reste de ses jours.

Sa mère, pour lui, était si bonne ! Ses yeux se
remplissent de larmes.

Le comte était accablé du plus profond chagrin ;
son jeune enfant vint, en pleurant, se jeter dans
ses bras :

— C'est, dit-il à son père en parlant de Merlin,
ce méchant qui a fait périr ma mère. Oh ! si j'avais
été plus grand, je l'aurais bien empêché.

Arthur, entendant ces paroles de la bouche d'un
enfant et songeant à sa perfide cruauté, ne put se
retenir de verser d'abondantes larmes de repentir.

Barnabé se présente ; il veut voir son maître et
tâcher de détruire les impressions fâcheuses

répandues par Merlin dans le cœur d'Arthur.

— Que je suis malheureux, s'écrie le comte, en voyant entrer son vieux serviteur. Ah ! j'ai perdu Marguerite. Comment, Barnabé, ne t'es-tu pas opposé à ma colère ? Pourquoi m'obéir et jeter en prison ma malheureuse épouse ?

— Ah ! seigneur, répondit Barnabé, qu'il était difficile de se soustraire à la fureur du seigneur Merlin ! Il commandait en maître ; il m'avait ôté la garde de la comtesse pour la confier à ses gens et je sais, de bonne part, qu'il lui a fait avaler un breuvage empoisonné. Oh ! ma pauvre maîtresse s'est défendue ; mais que faire quand on n'est pas le plus fort ? Elle a fait ses recommandations à l'écuyer de Merlin ; elle l'a prié de vous dire qu'elle vous pardonnait, qu'un jour son innocence sera reconnue. Pauvre comtesse, elle a bu cette coupe fatale, mais avec cette résignation et ce calme qui appartiennent à une âme pure, elle a jeté un regard plein de douceur sur les deux officiers de Merlin, pour leur dire : « Je vous pardonne le mal que vous me faites ».

L'écuyer du seigneur Merlin, qui m'a donné ces détails, a été si frappé de cette résignation de la comtesse, qu'il n'a pu retenir ses larmes et qu'il me disait avec le sentiment d'une profonde conviction :

— Marguerite est innocente, elle est victime d'une noire calomnie.

— Serait-il vrai ? s'écrie Arthur ; Merlin m'aurait donc trompé ; il aurait empoisonné mon épouse !

Infortuné que je suis! Aurais-je été trop crédule?

— Seigneur, répondit Barnabé, Roselinde vient d'arriver de Paris; elle a suivi la comtesse dans ses malheurs, elle pourra vous donner des détails qui justifieront sans doute ma pauvre maîtresse.

— Barnabé, faites-la monter, je désire la voir.

Arthur, livré à ses réflexions, repassait tristement dans son esprit ce qu'il venait d'apprendre.

Que de choses il avait ignorées! Combien Merlin avait abusé de sa confiance! Que cet empoisonnement de la comtesse lui paraissait atroce!

Il commençait à croire à une infâme trahison. Il se promenait à grands pas, triste et rêveur; à peine apercevait-il Roselinde qui venait d'entrer.

— Ah! seigneur, s'écrie la fidèle nourrice, fallait-il donc que ma maîtresse supportât tant de peines et tant de maux pour venir à Estieugues expirer comme une coupable, tandis qu'elle était innocente? Je ne l'ai pas quittée depuis son enlèvement jusqu'à sa délivrance; j'ai tout vu, j'ai tout su. Marguerite n'a point forfait aux lois de l'honneur et si vous en doutez, seigneur, lisez plutôt ces lettres.

Roselinde en présente un paquet à Arthur.

C'étaient des lettres des seigneurs de la cour qui félicitaient le comte de la vertu de Marguerite.

On l'élevait, à Paris, au-dessus de ces héroïnes dont l'histoire nous a conservé les noms.

On dépeignait Merlin de Montrenard sous les plus noires couleurs et on engageait Arthur à se tenir en garde contre un seigneur aussi fourbe qu'adroit et auquel le crime coûtait peu.

— Ah ! Roselinde, que n'es-tu arrivée quelques jours plus tôt ? Que de maux tu m'aurais épargnés ! Marguerite, tu étais innocente et je t'ai sacrifiée à la barbare fureur d'un insidieux ami.

«Non ! je ne puis plus supporter l'existence. Moi, être son bourreau? Ah ! Marguerite, peux-tu me pardonner ; le Dieu vengeur ne poursuivra-t-il pas jusque dans l'autre monde le crime de ton coupable époux ?

Barnabé entra dans ce moment.

— Voilà, dit-il au comte, la complice du seigneur Merlin, pour perdre Marguerite.

Il lui présenta alors la femme de chambre de la comtesse.

— Lorsque le seigneur Merlin vous fit lire, à Paris, cette lettre fatale qui accusait Marguerite, je crus reconnaître dans l'écriture, malgré le déguisement dont on avait usé, la main de cette malheureuse. J'attendis le retour à Estieugues pour m'assurer du fait, et en faisant une perquisition minutieuse dans sa chambre, j'ai trouvé le brouillon de cette lettre fatale.

— Lisez, seigneur, et jugez si mes conjectures ne sont pas fondées.

—Il n'est que trop vrai, reprit Arthur, j'ai été indignement trompé. O Marguerite, pardonne-moi ta mort ! Malheureux que je suis d'avoir été trop crédule ! Et toi, misérable, dit-il en se tournant vers la femme de chambre, comment as-tu osé ainsi trahir la confiance de tes maîtres ? Barnabé, qu'on la saisisse, qu'on l'enferme dans la prison où Marguerite a rendu le dernier soupir. Qu'on l'y laisse mourir de faim.

A genoux aux pieds du comte, la malheureuse femme de chambre cherchait à fléchir, par un humble aveu de sa faute, la colère d'Arthur.

Elle rejetait sur Merlin tout l'odieux de son crime; mais tout fut inutile.

Le comte était furieux, il laissa cette misérable subir une sentence si justement méritée.

Arthur, resté seul, se livrait aux réflexions les plus déchirantes et au désespoir le plus violent. Il s'en prenait à lui-même; il vomissait mille imprécations contre le perfide Merlin; il n'osait lever les yeux; il craignait de rencontrer le portrait de Marguerite; et comme un criminel, il était torturé par d'incessants remords.

Tout à coup, un grand bruit se fait entendre dans la cour du château. C'est l'écuyer de Merlin qui vient d'arriver à Estieugues et demande à parler à Arthur.

— Qu'il s'éloigne d'ici, répond le comte à Barnabé; qu'il fuie ma présence, cet infâme ministre d'un maître plus infâme encore.

— Seigneur, reprit Barnabé, il vient vous apprendre la fin malheureuse de Merlin et vous fournir, par les aveux mêmes de ce seigneur, une nouvelle preuve de l'innocence de Marguerite.

— Je suis déjà convaincu, répondit Arthur, de mon crime et de mon malheur, et tout ce qu'on peut me dire ne sert qu'à me plonger dans une douleur plus profonde encore.

«Ah ! malheureux que je suis, le bonheur m'a fui pour toujours ; il ne me reste plus qu'à pleurer un crime irréparable et à passer dans des regrets mortels le reste de ma triste vie. Hélas ! je ne puis plus qu'appeler la mort pour me délivrer d'une existence qui m'est devenue insupportable.

— Non, seigneur, reprit Barnabé, la Providence vous a protégé contre vous-même ; vous n'avez pas encore vidé complètement la coupe du bonheur.

— C'est impossible, dit Arthur. Florine, du fond de son tombeau, m'adresse les plus sanglants reproches. Le sang de Marguerite crie sans cesse vengeance. Dieu vient de punir de sa scélératesse le perfide Merlin mon; tour arrivera bientôt. Marguerite, du haut du ciel, pardonne à un époux coupable et trop crédule.

— Seigneur, reprit Barnabé, Marguerite vous a déjà pardonné ; elle n'attend que le moment de vous voir, car elle n'est point morte, je l'ai sauvée et l'écuyer de Merlin a été l'un de ses libérateurs.

Merlin qui a consommé son crime vient de partir. Il a quitté Estieugues pour n'y plus revenir. Il emporte la satisfaction d'un coupable qui a réussi; mais la justice divine l'attend et le bonheur complet dont va jouir Marguerite ne lui laissera plus que le remords et le dépit.

On a fait, sans cérémonie, les funérailles de la prétendue comtesse.

Les officiers indispensables ont accompagné le cadavre à sa dernière demeure.

La lune seule a éclairé de ses lueurs cette pompe funèbre qui a répandu la consternation et qu'on voudrait dérober à la connaissance des hommes.

L'enfant de Marguerite, trop jeune encore pour comprendre tout ce qui se passe, a compris cependant qu'il est orphelin.

XV

Réconciliation d'Arthur et de Marguerite. Leur mort.

La nouvelle que vient d'apporter Barnabé à Arthur jette le comte dans une stupéfaction profonde.

Il reste immobile, il ne peut croire ce qu'il entend, il pense que c'est une feinte pour adoucir sa douleur.

Il se précipite au cou de Barnabé.

— Pourquoi veux-tu me tromper de la sorte ? Marguerite n'est-elle point morte empoisonnée ?

— Non, seigneur ; écoutez, je vous prie, le récit des malheurs de la comtesse.

Arthur est touché jusqu'aux larmes.

— Ah ! je te reconnais à ces traits, vieil ami de mon enfance ; tu as été plus sage que moi, tu as su m'épargner bien des regrets ; mais, où est Marguerite, que j'aille solliciter un pardon dont je suis indigne.

Barnabé court prévenir la comtesse de l'arrivée prochaine de son époux.

Arthur donne des ordres et part accompagné de Roselinde et de l'écuyer de Merlin.

Qui pourrait dépeindre la scène attendrissante de cette entrevue ?

Tous les spectateurs fondaient en larmes.

Arthur embrassait Marguerite et l'émotion qu'il ressentit fut si vive, qu'il perdit connaissance.

Revenu à lui, il pleurait si abondamment, que la comtesse ne put s'empêcher de lui dire d'un ton affable et doux :

— Cher époux, sois assuré que j'oublie tout ce qui s'est passé, car la sincérité de ton repentir me prouve encore ton amour.

Marguerite veut le consoler; mais Arthur lui répond, d'une voix entrecoupée, qu'il est trop coupable d'avoir écouté les mauvais conseils et la jalousie d'un ami infâme.

— Je ne mérite que la mort, chère épouse, et permets à ton Arthur d'expirer à tes pieds. Prends cette épée et arrache de mon corps une vie trop criminelle. J'ai ordonné ta mort, il me sera doux de mourir pour toi.

— Mon cher époux, me croirais-tu assez barbare pour t'ôter la vie ? Non, je veux vivre encore avec mon Arthur et chérir avec toi notre jeune enfant, notre seule consolation.

— Pourras-tu jamais oublier le long martyre que tu as souffert par moi, généreuse Marguerite ? Promets-moi que tu ne me haïras point et je ne cesserai de baiser la trace de tes pieds.

— Te haïr, ô mon époux, me serait impossible;

non ! non ! Je t'aime plus que jamais et mon cœur ne cesse de me dire : Désormais, nous serons heureux. Ne songeons donc plus qu'à remercier Dieu de la fin de nos maux.

Le comte Arthur retint, avec toute sa grandeur de caractère, les nobles paroles que venait de prononcer sa chère épouse.

Il l'embrassa encore en lui promettant de réparer par une tendre et étroite amitié tous les maux qu'il lui avait fait endurer.

C'est à dater de cette époque qu'ils vécurent dans le bonheur le plus parfait.

Ils eurent plusieurs autres enfants, fruit de leur amour, ce qui resserra encore les liens qui les unissaient.

Le fidèle Barnabé, qui avait épargné à son maître le crime le plus affreux, reçut une récompense digne de ses services.

La tour noire, où Marguerite avait été enfermée pendant quarante jours, fut rasée et remplacée par une chapelle où, durant le reste de leur vie, Arthur et Marguerite se rendaient souvent et aimaient à y passer des heures entières dans le recueillement et la prière.

Le comte et la comtesse vécurent jusqu'à un âge très avancé.

Marguerite mourut la première.

Arthur ne lui survécut que quelques semaines.

A leur mort, leurs enfants les firent inhumer dans le même tombeau.

L'histoire se tait ensuite sur les comtes d'Estieugues, ce qui porte à croire que les enfants d'Arthur et de Marguerite furent disséminés ; il y a même lieu de supposer que leurs descendants mâles quittèrent le pays.

Toujours est-il qu'ici prend fin l'histoire des d'Amanzé.

A cette époque, le seigneuriat d'Estieugues fut vendu à M. de Vichy, marquis de Saint-Georges, qui en a été le propriétaire jusqu'à la Révolution.

La plus grande partie des renseignements fournis pour édifier ce petit ouvrage, sont de M. Troncy du Cergne, ancien médecin.

Pour augmenter le texte, je me suis procuré de nombreux documents au moyen desquels l'histoire ci-dessus est beaucoup plus développée que celles des précédents auteurs.

JULES BONNEFOND.